KITUTU

**HISTÓRIAS
E RECEITAS
DA ÁFRICA
NA FORMAÇÃO
DAS COZINHAS
DO BRASIL**

Dados Internacionais de Catalogação na Publicação (CIP)
(Jeane Passos de Souza – CRB 8ª/6189)

Lody, Raul
  Kitutu: histórias e receitas da África na formação das
cozinhas do Brasil / Raul Lody. – São Paulo : Editora
Senac São Paulo, 2019.

  Bibliografia.
  ISBN 978-85-396-2967-1 (Impresso/2019)
  e-ISBN 978-85-396-2968-8 (ePub/2019)
  e-ISBN 978-85-396-2969-5 (PDF/2019)

  1. Culinária afro-brasileira 2. Culinária afrodescendente
3. Comidas africanas 4. Antropologia da alimentação :
Brasil - África I. Título.

19-1012t   CDD – 641.01396081
                                         641.59296081
                                              641.509
                                  BISAC – CKB001000

Índices para catálogo sistemático:
1. Gastronomia afro-brasileira   641.01396081
2. Comida africana : Culinária
afrodescendente   641.59296081
3. Alimentação : Aspectos culturais e históricos   641.509

RAUL LODY

KITUTU

HISTÓRIAS
E RECEITAS
DA ÁFRICA
NA FORMAÇÃO
DAS COZINHAS
DO BRASIL

EDITORA SENAC SÃO PAULO – SÃO PAULO – 2019

ADMINISTRAÇÃO REGIONAL DO SENAC NO ESTADO DE SÃO PAULO
Presidente do Conselho Regional: Abram Szajman
Diretor do Departamento Regional: Luiz Francisco de A. Salgado
Superintendente Universitário e de Desenvolvimento: Luiz Carlos Dourado

EDITORA SENAC SÃO PAULO
Conselho Editorial: Luiz Francisco de A. Salgado
Luiz Carlos Dourado
Darcio Sayad Maia
Lucila Mara Sbrana Sciotti
Jeane Passos de Souza

Gerente/Publisher: Jeane Passos de Souza (jpassos@sp.senac.br)
Coordenação Editorial/Prospecção: Luis Américo Tousi Botelho (luis.tbotelho@sp.senac.br)
Dolores Crisci Manzano (dolores.cmanzano@sp.senac.br)
Administrativo: grupoedsadmnistrativo@sp.senac.br
Comercial: comercial@editorsenacsp.com.br

Edição e Preparação de Texto: Vanessa Rodrigues Silva
Coordenação de Revisão: Luiza Elena Luchini
Revisão de Texto: Isaura Kimie Imai Rozner
Projeto Gráfico, Editoração Eletrônica e Capa: Manuela Ribeiro
Imagem de Capa: tecido artesanal berbere oriundo do Marrocos, África magrebe
Fotos e apoio à pesquisa: Jorge Sabino
Impressão e Acabamento: **Gráfica AS**

Proibida a reprodução sem autorização expressa.
Todos os direitos desta edição reservados à
Editora Senac São Paulo
Rua 24 de Maio, 208 – 3º andar
Centro – CEP 01041-000
Caixa Postal 1120 – CEP 01032-970 – São Paulo – SP
Tel. (11) 2187-4450 – Fax (11) 2187-4486
E-mail: editora@sp.senac.br
Home page: http://www.livrariasenac.com.br
© Editora Senac São Paulo, 2019

SUMÁRIO

NOTA DO EDITOR, 7

PREFÁCIO, 9

PARTE 1 BRASIL "BIAFRICANO", 13

O GOSTO GOSTOSO AFRODESCENDENTE, 15

    O QUE CHEGA "DA COSTA" E "DO REINO", 16

    INGREDIENTES QUE AMPLIAM SABORES, 20

DENDÊ: BOM DE VER E BOM DE COMER, 23

    DENDEZEIRO: UMA PALMEIRA
    QUE TUDO DÁ, 23

    A FLOR DO DENDÊ, 28

    IGI-OPÉ: A ÁRVORE SAGRADA , 31

    FAZER COMIDA É FAZER HISTÓRIA , 32

INHAME, MANDIOCA E MILHO:
A VIAGEM DOS INGREDIENTES, 37

    INHAME: A COMIDA DA CRIAÇÃO
    DO MUNDO, 37

    MANDIOCA: A RAIZ BRASILEIRA, 43

    MILHO: O CEREAL AMERICANO, 49

CUSCUZ, VATAPÁ E ACARAJÉ:
A VIAGEM DAS RECEITAS, 55

    CUSCUZ: DO NORTE DA ÁFRICA
    PARA A NOSSA MESA, 55

    VATAPÁ: UMA COMIDA DE PÃO, 61

    ACARAJÉ: IDENTIDADE DA BAHIA
    AFRODESCENDENTE, 67

QUARTINHA: UM OBJETO
SIMBÓLICO AFRO-BRASILEIRO, 73

ANEXO, 78

MULHERES DE GANHO:
A VENDA AMBULANTE DA COMIDA, 81

    NO TABULEIRO DA BAIANA TEM... , 88

PARTE 2 ÁFRICA À BOCA, 91

O MITO E A COMIDA, 93

COMIDAS AFRICANAS DA TERRA E DO AR, 97

COMIDAS AFRICANAS DAS ÁGUAS, 127

COMIDAS AFRICANAS COM AÇÚCAR, 147

BEBIDAS ARTESANAIS:
AFURÁ, ALUÁ, XEQUETÊ, 161

    AFURÁ, 161

    ALUÁ: BEBIDA DE FESTA, 165

    XEQUETÊ, 170

REFERÊNCIAS, 173

ÍNDICE DE RECEITAS, 179

ÍNDICE GERAL, 181

NOTA DO EDITOR

Olhar e consumir uma comida sem considerar os contextos em que ela está inserida é um entendimento superficial, relacionado apenas à saciedade. Não traz nenhuma referência de construção de identidade alimentar, essencial para a sua compreensão.

É a partir dessa ideia que se desenvolve este livro, que equilibra história, sociologia, cultos religiosos e gastronomia em uma mistura bem temperada como são as nossas cozinhas regionais, formadas por ingredientes de diversas partes do mundo – por exemplo, a mandioca nativa, o milho americano, o coco oriental, o dendê africano, entre outros produtos que viajaram pelas Grandes Navegações portuguesas.

Para que o leitor possa vivenciar o que chama de "o gosto gostoso afrodescendente", Raul Lody discorre sobre mitos relacionados à comida e apresenta uma variada seleção de receitas africanas – especialmente dos países lusófonos –, em um convite para que não apenas conheçamos esses pratos tradicionais mas também reconheçamos neles elementos que fazem parte do nosso cotidiano.

"Quitute", expressão nossa para designar iguaria bem-feita, deriva da palavra *kitutu* da língua quimbundo. Assim é a presente obra, leitura para ser saboreada não apenas por estudantes e profissionais mas por todos os que se interessam em saber mais de nossas origens. Uma publicação do Senac São Paulo que, como afirma Lody, mostra que na boca começa o coração, pois nela a comida é integralmente entendida e assimilada, ganhando valor simbólico.

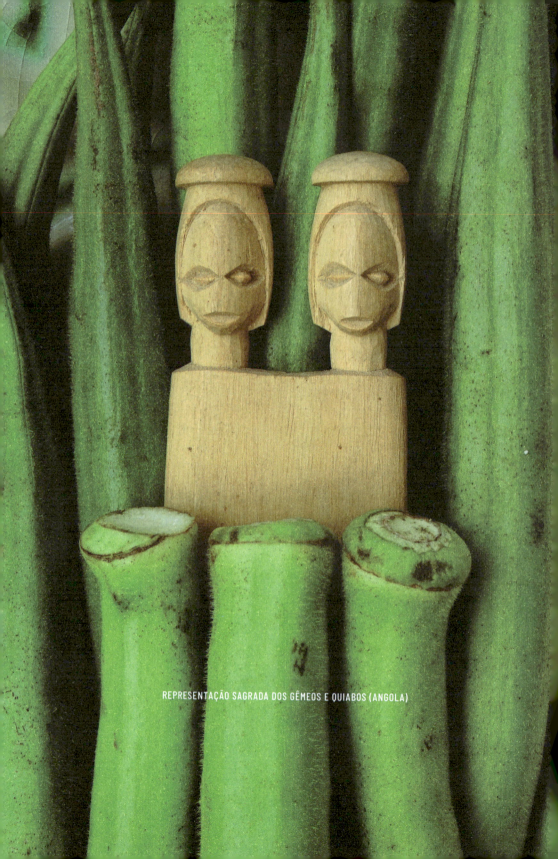
REPRESENTAÇÃO SAGRADA DOS GÊMEOS E QUIABOS (ANGOLA)

PREFÁCIO

AFRICANIDADES: SENTIMENTOS DE PERTENÇA

As profundas relações históricas, culturais, sociais e econômicas entre o continente africano e o Brasil são muitas e anteriores ao processo escravagista que se dá a partir do século XVI, para obtenção de mão de obra e, em especial, para plantar a cana sacarina e produzir açúcar.

A África está presente na própria formação da civilização ibérica. É a marca dominante por mais de sete séculos com os africanos do norte, africanos muçulmanos, da região conhecida como Magrebe. Assim, Portugal e Espanha têm na formação de seus povos e de suas culturas elementos dessa região da África que se manifestam na música, na comida, na arquitetura, nas artes, nos idiomas, entre tantas outras formas. Dessa maneira, pode-se entender que a colonização oficial portuguesa chega ao Brasil africanizada, repleta do Magrebe.

Mais tarde, essa mesma colonização magrebe é reforçada em solo brasileiro pelos 5 milhões de africanos que aqui chegam em condição escrava. Chegam da costa ocidental, do centro-atlântico e da costa oriental do continente ao longo de três séculos – do XVI ao XIX. Por essa razão, o Brasil é, no mundo, o país de maior afrodescendência fora do continente africano.

Tantas, muitas e diversas são as maneiras de trazer a África ao Brasil. Aqui escolho, destacadamente, os sistemas alimentares e suas inúmeras formas, seus processos culinários, seus ingredientes e modos de servir e consumir comida.

As muitas Áfricas são representadas por alimentos diversos e os seus significados no cotidiano, nas festas e nas tradições religiosas. Assim, convivem as antigas e as ancestrais cozinhas africanas com as interpretações africanas dos produtos nativos do Brasil.

Ingredientes como quiabo, azeite de dendê, inhame, obi, lelecum e bejerecum, bem como receitas como arroz-doce e rghaif (que é o filhós), entre muitos outros, atestam uma múltipla e complexa relação de culturas e de civilizações africanas que estão integradas aos hábitos alimentares dos brasileiros.

Como se sabe, há muitas línguas africanas que enriquecem o português que falamos, entre elas o kimbundu (quimbundo), do macrogrupo etnolinguístico banto. A nossa expressão "quitute", usada para designar comida gostosa e saborosa, deriva da palavra kitutu.

Assim, *Kitutu: histórias e receitas da África na formação das cozinhas do Brasil* é um livro que reúne acervos patrimoniais das culinárias africanas e, em especial, dos países lusófonos desse continente matricial em nossa história. Conhecer seus ingredientes, preparos e comidas é o mesmo que conhecer a diversidade de segmentos etnoculturais que se afirmam nos seus sabores, nos seus fazeres de cozinha, na estética dos seus pratos, nas muitas representações e nos significados que aproximam a África da boca brasileira.

OBI (COLA ACUMINATA) (BENIM)

PARTE 1

BRASIL "BIAFRICANO"

AO MILHO RALADO E TORRADO NA PEDRA,
DEPOIS DE PASSADO NA PENEIRA,
ADICIONAVA O AFRICANO UM POUCO DE AÇÚCAR,
E A ISSO CHAMAVAM DE FUBÁ DE MILHO.

MANUEL QUERINO,
A ARTE CULINÁRIA NA BAHIA

O GOSTO GOSTOSO AFRODESCENDENTE

Pode-se caracterizar a culinária/cozinha de presença e herança da África no Brasil como adaptativa, criativa e legitimadora de muitos produtos/ingredientes africanos e não africanos que foram incluídos em diversos cardápios regionais e outros de presença nacional.

O paladar, as receitas, os temperos, as maneiras de fazer e de servir da predominante população afrodescendente são construídos em um longo processo histórico, econômico, social e cultural.

As trocas e os intercâmbios ocorrem, inicialmente, pela mão do homem português, um grande distribuidor de alimentos entre o Ocidente e o Oriente, do século XV ao XVIII.

Embora europeu, o homem luso que coloniza o Brasil é um homem africanizado, civilizado por povos do norte da África, em face da marcante presença moura/muçulmana por mais de sete séculos na península Ibérica.

Assim, pode-se afirmar que a África chega em terras brasileiras por duas vertentes, formando o nosso povo "biafricanizado". A primeira vertente, a africanização dos portugueses, compreendendo do século VIII ao XV; a segunda, entre os séculos XVI e XIX, com o hediondo tráfico de homens e mulheres para o Brasil, em condição escrava, por mais de 350 anos. Vê-se, então, que Portugal acumula uma rica experiência social e cultural oriunda do continente africano por um período de mais de dez séculos – ou seja, mil anos.

O QUE CHEGA "DA COSTA" E "DO REINO"

Foi Gilberto Freyre quem afirmou ser o brasileiro "biafricano". Em um primeiro momento, pela presença da civilização magrebe na península Ibérica, também civilizadora do nosso colonizador lusitano. Em um segundo momento, pelos africanos que "cocivilizam" o Brasil a partir de sua chegada, mesmo que em condição escrava. Todos esses encontros interafricanos e transafricanos com Portugal estabelecem uma colonização também africana no Brasil.

Assim, a colonização oficial portuguesa é multicultural, permeada das memórias fundadoras do homem luso e dos povos afro-islâmicos. As técnicas náuticas de Portugal, avançadas para a época, haviam lhe possibilitado viajar por mares nunca antes navegados, e a partir das Grandes Navegações se ampliam os processos de expansão de territórios, de novos mercados, de consumo de especiarias. Portugal já experimentava a agricultura da cana-de-açúcar (*Saccharum officinarum*) no Algarve e nas ilhas atlânticas – em especial, na Madeira –, onde se consolidam as formas de moagem nos engenhos para a fabricação do melado e do açúcar.

O açúcar proveniente da cana sacarina cria e determina sistemas alimentares, promovendo uma verdadeira revolução de sabores no mundo. O ingrediente se une às receitas medievais dos conventos de Portugal e à doçaria magrebe, formatando preparações que tomam a forma e o gosto brasileiros, como o roz bil halib – o nosso arroz-doce.

Os ingredientes das Américas – do continente, incluindo os brasileiros nativos – são os produtos "da Terra"; os que chegam da África são os "da Costa"; os que vêm de Portugal são denominados "do Reino" – não necessariamente da Europa, mas basicamente do Oriente. Combinados, esses alimentos desencadeiam um amplo processo de interpretações pela boca, pelo gosto e, principalmente, pelas possibilidades econômicas e ecológicas.

Assim, nesses cenários de grandes acervos culinários, incluem-se uma doçaria com as frutas tropicais, frutas "da Terra" – pitanga, goiaba, araçá, caju, entre outras –, e uma outra, feita com as frutas exóticas, orientais, "do Reino" – jaca, manga, fruta-pão, coco –, que são abrasileiradas e se integram às nossas memórias e referências de paladar.

O coco (*Cocos nucifera*), já chamado de coco da índia, torna-se a base culinária para muitas receitas doces e salgadas. No arroz-doce, o leite de coco substitui o leite de amêndoas original, sabor enriquecido ainda com cravo e canela.

Outros tantos pratos feitos com coco se tornam tradicionais, especialmente no Nordeste: feijão de coco, peixe de coco, camarão de coco, além da emblemática cocada preparada com coco ralado e açúcar.

Óleos de coco, sem dúvida, encontram-se em boa parcela das nossas receitas, da nossa mesa, combinando o Oriente com um caminho africano aqui transformado pela criação e pela invenção afrodescendentes, misturando-se ainda com o dendê (em forma de azeite), um produto de diferentes culturas da África.

A área de ocorrência do dendezeiro vai desde São Luís, no Senegal, até o sul de Benguela, Angola, alargando-se para o vale do Zaire e chegando ao lago Vitória, em área oriental do continente africano.

O dendê combina-se em cor, cheiro e gosto a alguns condimentos, especialmente às pimentas. A popular malagueta pontua, em sabor, diferentes molhos, integrando também pratos à base de peixe, de ave, de carne, bem como pirões e preparos com feijões, entre muitas outras opções de vivenciar paladares que oferecem experiências de séculos de cultura e de civilização.

A pimenta-malagueta é a mesma pimenta-da-guiné ou pimenta-da-áfrica, conhecida desde o período medieval na Europa como grão do paraíso.

Pela abundância dessa especiaria no ocidente africano, chamou-se por muito tempo a costa africana – que compreende a região do golfo da Guiné – de costa da malagueta.

No azeite de dendê, é frito o tão celebrado acarajé, um dos alimentos de maior representação da culinária africana (ver página 67). Tradicionalmente na forma de uma colher comum, pode-se ampliar em tamanho e ganhar recheios como vatapá e camarões defumados, virando um verdadeiro sanduíche, uma refeição que dá sustança.

O acarajé marca uma atividade econômica e social da venda de alimentos em banca ou tabuleiro, valorizando, desde o período do Brasil escravocrata, o importante papel da mulher na culinária afrodescendente: são os chamados ganhos ou vendas de rua (ver página 81). A atividade econômica feminina comercializando alimentos é até hoje um símbolo de trabalho, de independência da mulher como mantenedora da casa e da família.

As comidas de rua apresentam variedade, contudo são os hábitos domésticos que assumem o papel de manter receitas – especialmente nos dias de festa – marcadas pelo leite de coco e pelo dendê, comumente chamadas de comidas de azeite.

PANELA DE CARURU (PERNAMBUCO, BRASIL)

Outro importante espaço guardião da culinária africana no Brasil é o terreiro. Terreiro de candomblé, de tambor de mina, de batuque, de Xangô, entre outros, que têm na cozinha sagrada e cerimonial um importante ponto de contato com povos e culturas da África. Assim, convivem receitas e alimentos memorialistas e outros adaptados, criados e transformados pela afrodescendência. Muitas comidas são as mesmas que aparecem no cotidiano das famílias e nas festas religiosas, como o caruru, quitute à base de quiabo.

O caruru, interpretado em contexto religioso, é um prato e, ao mesmo tempo, um cardápio que celebra nas festas familiares a devoção aos santos gêmeos, São Cosme e São Damião, santos que no processo da analogia sagrada são relacionados ao culto dos ibejis, patronos das mulheres grávidas e das crianças gêmeas.

Assim, esse amplo e diverso culto afro-brasileiro se dá com o "Caruru de Cosme" (ou "Caruru dos ibejis"), festa que marca o oferecimento de uma série de comidas em louvor a São Cosme e São Damião: feijão-de-azeite (feito com feijão-fradinho), feijão-preto, acaçá branco (preparado com milho branco), acaçá vermelho (feito de milho vermelho), acarajé, abará, doburu (pipoca), cana-de-açúcar, frutas, balas e o prato principal, à base de quiabos, temperos e dendê, que é o próprio caruru. Ainda nesse banquete se inclui o xinxim de galinha. Outras partes da ave, como cabeça, sangue e penas, são usadas no ritual sagrado oferecido aos santos gêmeos. O aluá (ver página 165) é a bebida principal da festa, contudo em alguns terreiros e casas se oferecem também vinho e cerveja, entre outras bebidas.

INGREDIENTES QUE AMPLIAM SABORES

Nesse cenário diverso, temos como importante produto "da Terra" o milho, ingrediente sul-americano com uma biodiversidade de centenas de tipos e mais de 7 mil anos de uso nas receitas dos incas. É a marca do cuscuz brasileiro, de mingaus e da pamonha – tamal –, presentes nas mesas das casas e das festas no Brasil.

O cuscuz, prato da África muçulmana, é feito originalmente de farinha de arroz, trigo e sorgo. Aqui, preparado com farinha de milho, ganha o complemento de ingredientes como manteiga, carnes, peixes e legumes (ver página 55). À farinha de milho também se adicionam leite de coco, leite de vaca, açúcar ou, ainda, um prato salgado, geralmente acompanhando o café, outro produto que chega da África para marcar o comportamento diário do brasileiro.

Formador de hábitos socializadores é o tão nosso cafezinho. É a bebida da boa chegada; é complemento da refeição, integrante da mesa matinal, símbolo de encontros e conversas. É o marcador de uma boca chamada Brasil.

São trocas, falas simbólicas e falas nutritivas que atravessam o Atlântico, fazendo a comunicação entre as costas litorais da África e do Brasil.

A farinha de mandioca, a cachaça e o tabaco, outros produtos "da Terra", são mercadorias que transformam cardápios e hábitos no continente africano. Muitas vezes, empregadas como moedas de troca, escambo, para trazer escravos.

A comida, sem dúvida, vai muito além da boca. Une, reúne, congrega laços comuns, e isso se chama identidade, ter uma identidade. E uma das referências mais marcantes de uma ampla e plural identidade afrodescendente se dá pela comida, pelas escolhas dos ingredientes e dos temperos, pelo modo de preparar, de servir e de usar certos utilitários de barro (ver página 73) ou madeira, cumprindo calendários específicos ou estando presentes no cotidiano.

Assim é a comida, uma linguagem que expressa a forte presença construtora da África na sociedade nacional.

DEPOIS DE BEM AQUECIDA UMA FRIGIDEIRA DE BARRO,
AÍ SE DERRAMA UMA CERTA QUANTIDADE DE AZEITE DE CHEIRO (AZEITE DE DENDÊ) E,
COM A COLHER DE MADEIRA, VÃO-SE DEITANDO PEQUENOS NACOS DA MASSA E COM UM [...]
GARFO SÃO ROLADOS NA FRIGIDEIRA ATÉ COZER A MASSA. O AZEITE É RENOVADO TODAS AS
VEZES QUE É ABSORVIDO PELA MASSA, A QUAL TOMA EXTERIORMENTE A COR DO AZEITE.

———

MANUEL QUERINO,
A ARTE CULINÁRIA NA BAHIA

DENDÊ: BOM DE VER E BOM DE COMER

DENDEZEIRO: UMA PALMEIRA QUE TUDO DÁ

O dendezeiro (*Elaeis guineensis*) é originário da costa ocidental da África e encontrado até a costa austral. É, sem dúvida, a mais importante palmeira africana, fundamental para a economia do continente. A planta tem inflorescências masculinas e femininas separadas, que crescem, uma ou outra, na axila das folhas. O dendezeiro produz cachos generosos, com uma média de duzentos cocos por cacho. O principal produto extraído da polpa dos cocos é o azeite – conhecido também como óleo de palma –, mas dessa palmeira outros elementos são aproveitados: a madeira, para construção de casas; as fibras, para a sua cobertura. Além disso, o palmito do dendezeiro é utilizado para alimentação, e da sua seiva pode-se fazer uma bebida fermentada, o vinho de dendê. Por essa razão, é chamado na África de "a árvore do paraíso".

FRUTOS DO DENDEZEIRO (BAHIA, BRASIL)

Diante de tantos significados do dendezeiro para as civilizações africanas, os portugueses passam a olhar para essa planta também de maneira plural e complexa.

A introdução no Brasil da palmeira dendém, como é conhecida em Angola, ocorre durante o tráfico de africanos em condição escrava e, em especial, nos séculos XVI e XVII. A partir do olhar do homem lusitano para o dendê africano e com as Grandes Navegações portuguesas, que realizam uma ampla difusão de alimentos entre o Ocidente e o Oriente, em uma verdadeira primeira grande globalização, constituem-se as cozinhas regionais do Brasil. Esse processo se dá pelas diferentes Áfricas que aqui chegam, com sistemas alimentares peculiares. Grande símbolo da África, a palmeira do dendezeiro passa a fazer parte do nosso imaginário, como a oliva integra o imaginário ibérico.

No Brasil, o azeite de dendê, com sua coloração intensa, cria sabores e confere aos pratos uma estética peculiar, que traz uma nova identidade à mesa. É o caso da farofa, uma realização genuinamente brasileira. A farinha de mandioca se mistura tanto com o dendê como com o mel da cana-de-açúcar, para alimentar a todos nos engenhos, que sempre têm ao lado uma casa de farinha.

Farinha crua ou cozida, misturada com diferentes ingredientes, alimentou e continua a alimentar milhares de brasileiros em diferentes partes do Brasil, sendo ingrediente principal ou acompanhamento para diferentes receitas.

A farofa amarela ou a farofa vermelha – feita com azeite de dendê – passam a acompanhar outras receitas também feitas com dendê: xinxim de galinha (galinha temperada com dendê, camarão seco, cebola e gengibre); efó (feito com folha de mostarda, peixe, camarão seco e dendê); moqueca (tipo de guisado de peixes, crustáceos, ovos, carne bovina e vísceras misturados com tomate, cebola, pimentões, pimenta e leite de coco).

FAROFA DE DENDÊ (RIO DE JANEIRO, BRASIL)

Porém o azeite de dendê ganha verdadeiramente a sua sacralidade na fritura do acarajé – bolinho elaborado com feijão-fradinho pisado no pilão ou ralado em pedra especial e cujos temperos principais são a cebola e o sal. É comida ritual dos terreiros de matriz africana, chamado de bolo de fogo. Comida do orixá Iansã – divindade ioruba que representa o vento e o fogo. O acarajé torna-se um dos mais notáveis símbolos da cozinha africana no Brasil. Com a massa do acarajé acrescida de camarões secos moídos, gengibre e azeite de dendê, faz-se o abará, que é embalado na folha de bananeira para ser cozido.

Com o dendê, chegam também da África o inhame (planta do gênero *Dioscorea*), o quiabo (*Hibiscus esculentus*) e outros produtos "da Costa", como os panos da costa, os búzios da costa, a palha da costa, entre tantos outros que tiveram essa denominação.

Com o quiabo, faz-se quiabada, que, além do legume, leva carne bovina fresca e/ou charque, pimenta e muito azeite de dendê, acompanhada pela sempre presente farinha de mandioca. Pode ser acompanhada também por pirão ou arroz branco, mais insosso, para harmonizar a intensidade do prato. Outra receita feita com quiabo é o caruru, prato ritual preparado tanto nas casas como nos terreiros de candomblé. A receita mostra um uso generoso do azeite de dendê, que se integra aos sabores da castanha de caju, do amendoim, da cebola, dos camarões – frescos e secos – e da carne bovina e/ou do peixe.

E com o inhame da costa é feita uma receita com ele muito cozido, azeite de dendê, cebola e camarão seco chamada de ipeté. Também é um prato ritual dos terreiros de matriz africana, dedicado ao orixá Oxum – divindade ioruba das águas dos rios. A receita do ipeté configura um ancestral histórico do nosso tão querido bobó ou bobó de camarão.

Um exemplo multicultural é o olubó, preparado com o inhame da costa cozido sem temperos, amassado e moldado na forma de bolas, para ser comido com mel de cana-de-açúcar ou para acompanhar pratos condimentados com muito azeite de dendê e molho de pimenta.

Nesse panorama de sabores marcados pelo dendê, destaque para o uso das pimentas – pimenta-do-reino (*Piper nigrum*), ataré ou pimenta-da--costa (*Amomum Granum-paradisi*) –, incluindo as nativas, "da Terra", do gênero *Capsicum*: cambuci, pimenta-de-cheiro, malagueta, com mais de 150 tipos, dedo-de-moça, pimenta biquinho. Todas boas de arder e de temperar.

As pimentas – frescas, secas, cozidas, refogadas, maceradas em azeite. Destaque para o molho nagô, à base de pimentas secas e frescas que são frigidas no azeite de dendê, consumido como acompanhamento do acarajé e do abará. Sem dúvida, os usos das pimentas promovem e possibilitam encontros gastronômicos com o que é "da Terra", "do Reino" e "da Costa".

Outro caso emblemático que está no nosso imaginário sobre comidas africanas no Brasil com azeite de dendê é o vatapá (ver página 61): um prato multicultural de criação afro-brasileira e que traz referências das cozinhas ibéricas. Em Lisboa, Portugal, há uma receita chamada de açorda que é feita a partir de aproveitamento do pão saloio, salsa, alho, azeite de oliva e gemas de ovos, o que nos aproxima muito da receita do nosso celebrado vatapá, que usa azeite de dendê no lugar do de oliva. O vatapá também une o pão feito com a farinha do reino (farinha de trigo, de origem europeia) ao leite de coco do Oriente. São muitos os estilos de preparar vatapá desde a época do Império: vatapá com peixe, fresco ou seco (como o bacalhau), com porco, com galinha.

A FLOR DO DENDÊ

Em contexto brasileiro, durante muitos anos, pode-se dizer que apenas na Bahia o dendezeiro possibilita a feitura do azeite de dendê. Por essa razão, é ingrediente notável nas receitas tradicionais da cozinha do Recôncavo.

O fazer azeite de dendê, segundo a tradição afrodescendente, segue tecnologias artesanais que buscam a produção do melhor azeite, aquele que é conhecido e considerado como flor do dendê.

AZEITE DE DENDÊ (BAHIA, BRASIL)

> O COCO DO DENDEZEIRO TEM CASCA MOLE DE ONDE SE EXTRAI O ÓLEO, NA SEQUÊNCIA COM AS MÃOS SE REALIZA "BATER" O DENDÊ EM ETAPA CHAMADA "CAFUNÉ", PARA ENTÃO SE SEPARAR O "BAGUNÇO", O AGUCHÓ, QUE É A PALHA RESIDUAL DO FRUTO. AGORA É O PROCESSO DO REFINAMENTO DO ÓLEO EXTRAÍDO, QUE SE DEIXA DORMIR, PARA DECANTAR, SEPARANDO ASSIM O AZEITE GROSSO, DA LAMA DO FUNDO. DO ÓLEO LEVADO AO FOGO LOGO SE FORMA NA SUPERFÍCIE O "CATETE", ESPUMA QUE SE SEPARA, QUE SE RETIRA DO RECIPIENTE ONDE SE REALIZA A PURIFICAÇÃO DO AZEITE. E AGORA O AXOXÓ, DE COR BRANCA AMARELADA, CONSISTÊNCIA DE MANTEIGA QUE É TAMBÉM UM SUBPRODUTO RESULTADO DESTE PROCESSO DE SE FAZER AZEITE. E ASSIM FINALIZANDO ESTE PROCESSO ARTESANAL TEM-SE O MELHOR AZEITE, QUE É O DA FLOR DE AZEITE, COM O DENDÊ, NA SUA LINDA COR, ODOR E EM ESPECIAL O SABOR PARA INTEGRAR TANTAS RECEITAS. (CARNEIRO, 1964, P. 74)

Carneiro também descreve o processo do dendê como acontece no Recôncavo:

> OS RÁCIMOS SEPARADOS PELA FOICE SÃO EXPOSTOS DURANTE QUATRO DIAS, NO MÍNIMO, AO SOL E MESMO UNICAMENTE TRÊS DIAS, SE TÊM FRUTOS BEM MADUROS. ENTÃO TOMAM-SE CERCA DE DOIS QUILOS DE FRUTOS E SE COZINHAM, EM MARMITA DE FERRO, E A MASSA POLPOSA QUE DELES RESULTA É PISADA EM UM ALMOFARIZ OU PILÃO E MISTURADA COM ÁGUA MORNA. COM A MÃO SEPARAM-SE ENTÃO AS FIBRAS DO ENVOLTÓRIO DOS CAROÇOS E SE DEITAM FORA UMAS E OUTRAS. O ÓLEO QUE SOBRENADA É MISTURADO COM ÁGUA MORNA; DEITA-SE O TODO EM UMA PENEIRA, DEPOIS A POLPA É POSTA A FERVER EM ÁGUA ATÉ QUE NÃO DEIXE MAIS EXSUDAR NOVO ÓLEO, NOVAMENTE É PASSADO EM PENEIRA E ASSIM SEGUIDAMENTE ATÉ QUE AS POLPAS NÃO CONTENHAM MAIS ÓLEO. O ÓLEO, ASSIM SEPARADO EM DIVERSAS VEZES, É REUNIDO E FERVIDO ATÉ A ELIMINAÇÃO D'ÁGUA. (CARNEIRO, 1964, P. 74)

No Brasil, a comida feita com dendê tem o seu primeiro grande consumo com os chamados ganhos – a venda ambulante de comida nas ruas –, que acontecem em muitas capitais (em especial, Salvador, Recife e Rio de Janeiro) e em cidades com grande concentração de africanos e descendentes, nos séculos XVIII e XIX.

As quituteiras, quitandeiras ou negras de ganho vendem pratos à base de feijões, angu de milho, bebida (vinho de dendê) e mingaus doces, quase líquidos. Atualmente, ainda há a venda ambulante de mingaus nas ruas e praças da Bahia, só que feita também por homens.

IGI-OPÉ: A ÁRVORE SAGRADA

Para os iorubas, povo com concentração no Benim e na Nigéria, o dendezeiro é uma árvore sagrada chamada de igi-opé e que representa o orixá Ogum – agricultor, caçador, artesão, aquele que domina tecnologias.

O sentido sagrado da natureza constitui uma das mais notáveis referências no entendimento das tradições de matriz africana. Os ingredientes têm um valor especial e se encontram integrados diretamente aos elementos da natureza e aos orixás. Dessa maneira, há uma compreensão para preservar o meio ambiente porque tudo nele é sagrado.

E a natureza referenda esse sentido sagrado no ingrediente que aciona a divindade quando é usado nos diversos cardápios dos terreiros de candomblé para assim realizar a comunicação entre o homem e o orixá.

As comidas ganham as mesas das casas, dos mercados, dos tabuleiros nas ruas, dos restaurantes, para marcar sempre as representações socioculturais, sejam elas entre o cotidiano e a festa, sejam entre o homem e a sua devoção.

Destaque para as festas que acontecem nas praças e nos adros das igrejas; festas ampliadas e populares, como as de Santo Antônio, de São João, de São

Cosme e São Damião, de Santa Bárbara, assim como o carnaval, entre outras na Bahia, que estão sempre permeadas pelo sincretismo religioso afro-baiano.

O azeite de dendê está na maioria das receitas que fazem parte dos cardápios dessas festas – e que são também os cardápios dos orixás.

O dendê tem uma identificação marcante com Exu, orixá essencialmente da comunicação, da sexualidade. Exu, juntamente com o dendê, encarna um amplo sentido telúrico africano. Exu passa a ser o próprio dendê, como o dendê passa a ser Exu, sem que com isso se limite o uso ou a função ritual-religiosa do dendê, tanto para o seu culto nos santuários como nos seus alimentos.

É uma visão fundamentalmente ética e moral reunir Exu e o dendê, como se, ao mesmo tempo, o homem africano fosse o dendê e, ainda, fosse a África. Isso reforça um conceito de terra, de chão.

A diáspora do dendê está integrada à diáspora africana, em especial na faixa litorânea do Brasil, nos bolsões de manifestações em que o pensamento, a ação e o testemunho reafirmam um sentido afro-brasileiro.

FAZER COMIDA É FAZER HISTÓRIA

As iabás e iabassês – mulheres especialistas na feitura das receitas sagradas – preparam as comidas dentro do rigor dos cultos. Essas comidas se constituem em um elo entre o homem e a sua divindade.

As comidas são partilhadas com os deuses nos seus santuários; também são oferecidas aos que participam dos rituais, das festas, inclusive aos visitantes, que na maioria das vezes têm o desejo de experimentar essa ligação com os orixás e, por essa razão, buscam comer nos terreiros, onde é sabido haver fartura e variedade de alimentos.

É altamente socializante esse ato de compartilhar o alimento dentro de um grupo. As comidas são servidas ao término das grandes celebrações públicas dos terreiros. Assim, há a união das pessoas que têm os mesmos objetivos religiosos e os mesmos sentimentos de fé, que são reforçados pelo ato de ingerir os alimentos preparados pelas iabás e iabassês como afirmação de pertencimento.

É na preparação desses quitutes das mesas dos deuses africanos que constatamos a necessária utilização do dendê, juntamente com favas e frutos de origem africana, importantes na realização dos alimentos rituais, o que garante a sua eficácia e a destinação entre a boca e o sagrado.

Acarajé, caruru, amalá, ipeté, bobó, omolocum, erã-peterê, bem como as farofas, são algumas das comidas do vasto cardápio votivo dos deuses. Exu, Ogum, Oxóssi, Iansã, Xangô, Obá, Ewa, Oxumaré, ibejis têm o acarajé como um dos principais alimentos, que é feito em formatos especiais e na quantidade adequada para integrar os rituais sagrados.

Sobre as bebidas do dendê, voltamos a 1937 para falar mais desse tema, no II Congresso Afro-Brasileiro, realizado em Salvador, ocasião em que a ialorixá Eugenia Anna dos Santos, Aninha, do Ilê Axé Opô Afonjá, discorreu sobre a culinária desenvolvida no seu terreiro. Entre os muitos preparos, Aninha destacou o emún, bebida africana feita da seiva do dendezeiro. Esse vinho, também chamado de malafu ou sura pelos congoleses, no caso afro-brasileiro ganhou notoriedade como emu, malafo ou marafo, o que designava não apenas o vinho de dendê mas também a cachaça feita de cana sacarina e integrava um elenco de bebidas fortes. Tinha, por isso, um significado viril, masculino.

Hoje desaparecido dos rituais religiosos dos terreiros de candomblé e das vendas de rua, o vinho de dendê é apenas uma lembrança. Os candomblés e xangôs restringem-se a algumas bebidas de função litúrgica, como o aluá, à base de água, milho, rapadura e gengibre (ver página 165).

O dendê, para entender e dele gostar, é preciso comer. Mas, antes, deve-se olhar, identificar; emocionar-se com as cores, as texturas e os aromas; e, então, colocar na boca e, assim, sentir um pouco dessa África no Brasil.

OMOLUCUM (PERNAMBUCO, BRASIL)

ESPECIALMENTE EM PERNAMBUCO, O INHAME MANTÉM A DESIGNAÇÃO DE INHAME DA COSTA E INHAME-DE-SÃO-TOMÉ, SENDO ESTAS IMPORTANTES REFERÊNCIAS DE TERRITÓRIOS DE PROCEDÊNCIA HISTÓRICA E PRESERVAÇÃO DE IDENTIDADES QUE UNEM O BRASIL AO CONTINENTE AFRICANO.

———

RAUL LODY,
ONJE ALÉ: RECEITAS DE MATRIZ AFRICANA EM PERNAMBUCO

INHAME, MANDIOCA E MILHO: A VIAGEM DOS INGREDIENTES

INHAME: A COMIDA DA CRIAÇÃO DO MUNDO

Ingredientes, receitas e comidas, em âmbitos cultural, social e litúrgico, identificam as matrizes africanas, trazem memórias ancestrais, sabedoria e identidades de povos e civilizações. Destaque para as tradições do golfo do Benim, também conhecido como Costa, costa dos escravos, costa da malagueta, costa dos grãos, costa do ouro. Nela está o povo ioruba-nagô, conformador dos patrimônios culturais do Nordeste – em especial, de Pernambuco e da Bahia.

Diz um itã, ou lenda, que Obatalá, o rei maior, criou o mundo e precisava frutificar a Terra. Assim, escolheu Okô, o primeiro agricultor, o primeiro que plantou isú (inhame). Daí vem o tradicional dito ioruba "Ba ni je enia Okô" ("Se alguém trabalhar perto dele na roça, encontrará o que comer").

Assim, o inhame está integrado ao imaginário da criação do mundo para o povo ioruba e à tradição religiosa ioruba-nagô no Brasil. Também chamado de inhame branco, é ainda conhecido em Pernambuco como inhame da costa e inhame-de-são-tomé, o que preserva a sua identidade de procedência africana, no que se pode entender por *terroir*. Rico em ferro, cálcio, fósforo e vitaminas do complexo B, esse tubérculo, junto com a macaxeira, a farinha de mandioca e o jerimum, está na base da culinária cotidiana nordestina, conferindo identidade à mesa regional. Nas comunidades de terreiro, compõe diferentes cardápios.

Inhame simboliza também a fertilidade e identifica os orixás mais antigos, os fun-fun (brancos). O formato fálico confere um sentido de multiplicação dos alimentos na terra e da capacidade de procriação do homem. As festas do inhame são realizadas na primavera para representar um permanente renascimento.

O tubérculo cozido é ritualmente pilado em uma cerimônia festiva que representa a fertilidade. Nas tradições religiosas afrodescendentes, essa festa é conhecida como "Inhame novo", "Festa do inhame", "Pilão de Oxalá" e "Pilão de Oxaguiã". É a comemoração dos orixás fun-fun, que só vestem cor branca e cujas indumentárias são complementadas com insígnias e joalheria de prata ou metal prateado. Depois de pilado, o inhame é servido aos participantes da festa, que geralmente estão sob o alá – espécie de toldo, grande tecido branco, que representa o céu africano.

Por representar a fertilidade, o inhame integra vários pratos dedicados a diferentes orixás. O orixá Ogum, também agricultor e caçador, gosta do inhame assado e coberto com azeite de dendê ou mesmo cru. As bolas feitas com a massa do tubérculo apenas cozido em água, insosso, são um

BOLAS DE INHAME (BAHIA, BRASIL)

complemento para receitas de caças, peixes e legumes. Essas bolas também podem ser condimentadas com pimentas, dendê e outros temperos. O amalá é um pirão feito de farinha de inhame, segundo as receitas tradicionais iorubas. Também pode ser preparado com o inhame cozido e amassado, complementado com um guisado de quiabos, azeite de dendê, carne, pimenta e outros temperos. Esse guisado, em Pernambuco, chama-se begueri, comida ritual do orixá Xangô.

Outro prato do cardápio litúrgico é o já citado ipeté (ou apenas peté), feito com o inhame cozido, acrescido de camarões, cebola e azeite de dendê. É comida ritual do orixá Oxum.

Inhame cozido em água e sal, feijões cozidos no azeite de dendê, milho branco cozido, pedaços de coco seco e carne temperada de aves formam uma comida ritual dos orixás gêmeos, os ibejis.

Já para os orixás criadores do mundo, os mais velhos, o inhame deve ser muito cozido em água sem sal e temperado com limo da costa ou manteiga de ori, produto que é preparado a partir do fruto do karité. Ainda, a carne caprina cozida pode ser misturada ao inhame e ao limo da costa.

Muitos outros pratos são criados a partir do inhame para a cozinha ritual e para a cozinha do cotidiano das casas, das feiras, dos mercados, dos restaurantes. O inhame, produto "da Costa", compõe o nosso paladar brasileiro. É uma escolha cultural, uma forma de marcar identidade à mesa.

PURÊ DE INHAME [CABO VERDE]

INGREDIENTES

- 1 kg de inhame
- 1 colher (sopa) de manteiga sem sal
- 1 ovo batido
- Sal e noz-moscada ralada a gosto
- 1 gema

MODO DE FAZER

Descasque o inhame, corte em pedacinhos e leve ao fogo para cozinhar em água (o suficiente para cobrir). Depois de cozido, amasse-o até se reduzir a purê. Junte a manteiga e o ovo batido. Misture bem, tempere com sal e noz-moscada ralada e coloque o purê em um refratário. Pincele com a gema e leve ao forno para dourar.

AMALÁ [NIGÉRIA]

INGREDIENTES

- 500 g de farinha de inhame
- 2 ½ xícaras (chá) de água

MODO DE FAZER

Leve a água para ferver em uma panela. Em uma tigela, coloque a terça parte da farinha e acrescente a água quente. Misture bem até diluir tudo. Coloque o restante da farinha, mexendo até a mistura ficar consistente, porém macia como pudim. Sirva quente. O amalá pode ser acompanhado de sopa de feijão.

FOU-FOU DE INHAME E BANANA-DE-SÃO-TOMÉ [SÃO TOMÉ E PRÍNCIPE]

INGREDIENTES

- 450 g de inhame
- 2 bananas-de-são-tomé verdes
- 1 colher (sopa) de manteiga sem sal
- Sal e pimenta-do-reino, preta ou branca, moída, a gosto

MODO DE FAZER

Descasque o inhame, corte em rodelas e coloque essas rodelas em uma caçarola, cobrindo com água fria e temperando com sal. Descasque as bananas e corte ao meio. Junte-as ao inhame, leve a caçarola ao fogo e deixe levantar fervura. Cozinhe por cerca de 25 minutos. Escorra a água do inhame e das bananas e passe tudo no processador ou no liquidificador, junto com a manteiga, mais sal e pimenta-do-reino, até obter uma mistura homogênea. Coloque a massa obtida em uma tigela e molde em bolas. Sirva como acompanhamento de carnes guisadas.

ISÚ [NIGÉRIA]

INGREDIENTES

- 1 kg de inhame
- ½ colher (chá) de sal
- 1 dente de alho
- 1 colher (chá) de canela
- 4 colheres (sopa) de manteiga sem sal derretida
- Pimenta caiena em pó a gosto

MODO DE FAZER

Descasque o inhame e corte em rodelas grossas. Coloque essas rodelas em uma panela grande e cubra com água fria. Acrescente o sal, o alho e a canela. Leve para cozinhar em fogo médio, sempre com a panela destampada, até que o inhame esteja macio. Em um prato, disponha as rodelas escorridas e por cima coloque a manteiga derretida. Polvilhe de pimenta caiena.

MANDIOCA: A RAIZ BRASILEIRA

A mandioca (*Manihot esculenta Crantz*) é uma planta nativa do Brasil. A história da mandioca se mistura com a história do descobrimento do nosso território pelos portugueses que aqui já a encontraram como um alimento dominante nas culturas indígenas.

Pero Vaz de Caminha, na sua carta ao rei de Portugal, relata sobre a importância dessa raiz na composição das comidas nativas. Mas, no relato, Caminha cita a nossa mandioca como um inhame, pela semelhança entre os dois alimentos.

Registros arqueológicos apontam a área que se estende da Amazônia ao centro do país como a zona de dispersão da mandioca no nosso território. Posteriormente, ela passa a ser cultivada no continente africano e no asiático. Hoje, a mandioca é plantada em mais de 80 países do mundo. Segundo a Organização das Nações Unidas para a Alimentação e a Agricultura (FAO), a Nigéria é a maior produtora mundial, posição anteriormente ocupada pelo Brasil.

O amplo uso da mandioca na comida produzida no Brasil colônia faz com que ganhe, de José de Anchieta, a designação de pão "da Terra". A mandioca passa a substituir o trigo em muitos preparos, e há também registros de que são fabricadas hóstias a partir da mandioca.

A farinha de mandioca, principal produto do tubérculo, fundamenta um rico sistema culinário, verdadeiramente nacional, que vai do Amazonas ao extremo sul do país. A variedade de tipos de farinha, em técnica, sabor e forma, está na base dos hábitos alimentares no processo colonial, que incorpora também outros produtos que chegam da caça, da pesca, do plantio, da coleta de frutos e folhas, da criação de animais, e que se unem ainda à fixação do açúcar da cana sacarina. Iniciam-se as cozinhas regionais no Brasil.

Além de atender ao grande consumo local, a farinha abastece os navios nas intensas travessias do Atlântico entre a nossa costa e a África. Farinha de

RAÍZES E FOLHAS DA MANDIOCA (PERNAMBUCO, BRASIL)

mandioca para alimentação nas viagens e como escambo para o comércio de africanos em condição escrava. Esses navios também eram abastecidos com rapadura, cachaça, fumo de rolo, açúcar, entre outros produtos.

Pela crescente importância gastronômica e comercial que tem se dado à variedade de farinhas de mandioca, podem-se traçar alguns estilos, que constituem um verdadeiro *terroir* em razão de suas ocorrências regionais.

Entre as muitas variedades de mandioca no Brasil, temos a mandioca-mansa (macaxeira, aipim) e a mandioca mandioca-brava ou amarga. Esta contém alto teor ácido cianídrico e deve ser submetida a técnicas de secagem para ser consumida em forma de farinha, principalmente. Já a mandioca-mansa, além de poder ser transformada em farinha, é apreciada cozida,

FARINHA PARA FUNGE (ANGOLA)

frita, em bolos, biscoitos, pudins, purês, compondo pratos do cotidiano do brasileiro e cardápios dos rituais dos orixás.

A farinha bem fina do tipo copioba identifica uma produção consagrada do Recôncavo baiano. Em Santa Catarina, vê-se um tipo de farinha finíssima, pulverulenta. A farinha-d'água, mais grossa, de identidade amazônica, de Bragança, no Pará, é reconhecida pela sua qualidade. O Pará é considerado o maior produtor nacional de mandioca.

Embora o consumo preferencial da mandioca seja pela raiz, a sua folha (maniva) também é comestível. Um exemplo é a maniçoba, preparo culinário que tem como área tradicional de ocorrência a Amazônia e o Recôncavo da Bahia. Como subproduto da mandioca, há ainda o tucupi, sumo amarelo extraído da raiz da mandioca-brava, a massa puba, a fécula (polvilho doce e polvilho azedo, base do pão de queijo mineiro), o sagu e a tapioca. Todos itens presentes em preparos salgados e doces de todo o país.

FUNGE [ANGOLA]

INGREDIENTES

- 150 g de farinha de mandioca
- 1 L de água
- 1 colher (chá) de sal

MODO DE FAZER

Coloque a água para ferver em uma panela. Na água fervente, despeje a farinha aos poucos, mexendo energicamente para desfazer os grânulos. Mexa bem até cozinhar e acrescente o sal. Sirva quente em uma tigela.

MAHOWANA À LENA [MOÇAMBIQUE]

INGREDIENTES

- 1 kg de mandioca
- 1 xícara (chá) de feijão[1] já cozido
- ½ xícara (chá) de jinguba (amendoim) torrada, descascada e moída
- Sal a gosto

MODO DE FAZER

Descasque a mandioca, corte em pedaços e leve para cozinhar em água (o suficiente para cobrir) com sal. Quando a mandioca estiver cozida, escorra a água e acrescente o feijão e o amendoim moído. Sirva quente.

FUNGE DE MANDIOCA OU FUNGE DE BOMBÓ [ANGOLA]

INGREDIENTES

- 150 g de fubá de mandioca (massa puba)
- 750 mL de água

MODO DE FAZER

Dilua o fubá em 350 mL de água e reserve. Em um tacho, leve ao fogo 400 mL de água. Quando ferver, junte o fubá já diluído. Misture muito bem e deixe cozinhar por aproximadamente 5 minutos até engrossar. Mexa sempre. Retire do fogo e mexa mais um pouco, vigorosamente. (A receita original pede colher de pau.) O funge de bombó acompanha a maioria das refeições angolanas.

---

1   Não é requerido tipo específico de feijão para esta receita.

KIPICU [ANGOLA]

 INGREDIENTES

- 500 g de feijão-manteiga
- 4 colheres (sopa) de azeite de dendê
- 100 g de farinha de mandioca
- Sal e jindungo (pimenta fresca) a gosto

 MODO DE FAZER

Coloque o feijão de molho na véspera. Escorra a água do molho e cozinhe o feijão muito bem em panela com água e sal. Escorra a água do cozimento e reserve uma pequena quantidade dela. Refogue o feijão com o azeite de dendê, além de sal e pimenta fresca a gosto. Regue com um pouco da água do cozimento. Acrescente a farinha, mexendo sempre até cozinhá-la. O kipicu é um ótimo acompanhamento para pratos de peixe.

MILHO: O CEREAL AMERICANO

O milho (*Zea mays*) é a planta que, sem dúvida, mais realizou intercâmbios culinários e gerou a maior ação na economia dos povos. E atualmente é o cereal mais consumido no mundo.

O conhecimento sobre o milho é anterior às relações entre a Europa e as Américas. Há relatos sobre ele em Portugal no século XIII. Também existem relatos da utilização do tipo milheto no continente africano para a produção de farinhas e outros usos na alimentação.

Vê-se que o milho, para as civilizações pré-hispânicas do México, é um cereal sagrado. É referenciado no *Papol vuh* (livro dos escritos maias) como o alimento que originou o aparecimento do homem.

Sabe-se que tudo se come: os cenários, os mitos, o sagrado. A partir daí, o Sol, o ouro e a fertilidade estão integrados ao imaginário do milho. Ao comer

o milho, comem-se todos esses símbolos. Comer o milho é um tema milenar para os povos pré-hispânicos no México e na América do Sul.

O milho representa um profundo sentimento de fartura, de boa comida, de comida que aproxima o homem do sagrado (e, em destaque, da deusa Llamatecuhtli, que é o milho maduro nas tradições maias).

Esses cenários ancestrais nos remetem ao nosso milho das festas juninas, sendo até mesmo um alimento sacrificial, pois é assado diretamente na fogueira. Fogueira que recupera os símbolos solares e o valor do poder masculino. E tudo está nesse rico imaginário das celebrações de São João, unido ao solstício (de inverno aqui, de verão no hemisfério norte).

Como farinha, o milho constitui base culinária para muitos preparos, entre eles o angu, salgado ou doce.

O angu é uma invenção da mão africana que se estabelece durante a formação da cozinha brasileira. As cozinhas de matriz africana se integram com as cozinhas coloniais e com as cozinhas de subsistência das populações de africanos em condição escrava.

No Brasil colônia, come-se muito mal e se passa muita fome, até em decorrência da monocultura de cana-de-açúcar. Quase tudo é importado do Reino. Nesse cenário de comida controlada, os escravos comem apenas o suficiente para trabalhar – diga-se, trabalhar muito. A comida precisa ser fácil de preparar, barata e proporcionar saciedade. Recorre-se, então, à farinha de mandioca e ao fubá de milho como base alimentar.

Para fazer com que esses ingredientes sejam também fáceis de preparar em grande quantidade, passam a prevalecer os cardápios de "comidas moles" – ou seja, os angus e pirões.

O conhecido tipo "milho de canjica" é também uma referência, assim como é o fubá, tipo de farinha muito refinada, conforme as normas das autoridades de agricultura do Brasil. É uma base para fazer canjica de muitas maneiras, realizando variadas receitas nas quais se acrescentam ingredientes que marcam estilos regionais e aspectos da etnoalimentação.

A canjica – mistura de milho, água, sal ou açúcar – é uma comida para o consumo cotidiano e para os cardápios das festas. Uma comida que está na mesa de milhares de brasileiros. E, assim, cada receita é uma referência de autoria, de aproveitamento de ingredientes, de manutenção de preparos que trazem memórias e pertencimento a uma história. São comidas populares, comidas consumidas por grande parte da população brasileira, pois os insumos são baratos e nutritivos.

A canjica é ainda uma comida que pode traduzir uma ampla e diversa multiculturalidade. Provavelmente a palavra kanjika é uma designação da língua quimbundo do macrogrupo etnolinguístico banto para a farinha de milho. E ainda há os que buscam uma relação com kanji, palavra asiática, da região da Indonésia, que significa "arroz na água". Nesse caso, permite-se até uma ampliação do olhar para a nossa tão querida, e da casa, canja – uma especulação...

De Angola chega uma receita tradicional da kanjika feita com milho e feijão: esses ingredientes, em forma de farinha, são preparados juntos, com água e sal, e acrescidos de dendê e pimenta-malagueta. E assim se faz uma pasta, que após o seu cozimento é polvilhada de farinha de mandioca.

Na diversidade de receitas e cozinhas, as preparações ganham nomes regionais. Assim, surgem identidades como curau, canjiquinha, papa de milho, angu doce, angu salgado, mingau, entre outros.

A canjica e os pratos de fubá de milho são populares e ganham novos significados quando integrados aos cardápios das festas.

Destaque para as tradicionais canjicas do ciclo junino, nas comemorações de Santo Antônio, São João e São Pedro. Nesses cenários aparecem as canjicas autorais, com estilos de cozinheiros, marcadores também dos muitos rituais de sociabilidades que se dão a partir do oferecimento da canjica.

Nesse cenário de comidas populares de milho, a receita do cuscuz é uma outra opção para os cardápios do cotidiano.

O milho acompanha nossos hábitos alimentares e está com o feijão e a mandioca na formação das identidades que marcam a comida do brasileiro.

FOU-FOU [NIGÉRIA]

 INGREDIENTES

- 2 xícaras (chá) de farinha de milho
- 4 xícaras (chá) de água
- Sal a gosto
- Use sempre a proporção de 2 xícaras (chá) de água para cada xícara (chá) de farinha.

 MODO DE FAZER

Em uma panela, coloque a água com sal para ferver. Dilua 1 xícara de farinha em um pouco de água e, então, acrescente a mistura na água já em ebulição, mexendo sempre, por cerca de 10 minutos, para não engrolar. Abaixe o fogo e, com o fogo baixo, acrescente aos poucos o restante da farinha. Continue a mexer até que engrosse. Em uma tigela umedecida, coloque a quantidade desejada de massa e faça movimentos circulares na tigela para que se forme a bolinha de milho ou fou-fou. Repita a operação até que acabe a massa. O fou-fou serve para acompanhar tanto carne como pescado.

FUNGE DE MILHO [ANGOLA]

 INGREDIENTES

- 2 xícaras (chá) de farinha de milho
- 4 xícaras (chá) de água

 MODO DE FAZER

Dilua a farinha de milho em um pouco da água e leve o restante do líquido para ferver em uma panela. Quando abrir fervura, misture a farinha de milho dissolvida e mexa até engrossar e se tornar uma massa bem espessa. O funge vai bem com qualquer molho de carne ou de peixe.

A CONSTRUÇÃO DAS RECEITAS, DOS TEMPEROS E DAS MANEIRAS
DE FAZER E SERVIR COMIDAS, PELA POPULAÇÃO AFRODESCENDENTE,
FORMA UM RICO PATRIMÔNIO ALIMENTAR CONSTRUÍDO DURANTE
UM LONGO PROCESSO HISTÓRICO, ECONÔMICO, SOCIAL E CULTURAL.
ISTO DETERMINOU O PALADAR BRASILEIRO.

———

RAUL LODY,
ONJE ALÉ: RECEITAS DE MATRIZ AFRICANA EM PERNAMBUCO

CUSCUZ, VATAPÁ E ACARAJÉ: A VIAGEM DAS RECEITAS

CUSCUZ: DO NORTE DA ÁFRICA PARA A NOSSA MESA

As técnicas utilizadas para pratos e receitas carregam referências culturais, assim como os ingredientes utilizados fazem parte da construção de uma ideologia social, de uma culinária que marca uma região e que estabelece os seus hábitos alimentares.

As farinhas de sorgo, de trigo duro, de trigo sarraceno, de milhete ou painço, de arroz, entre outras, marcam receitas de determinadas regiões. Por exemplo, os diferentes preparos de cuscuz do Magrebe com seus variados complementos, entre eles legumes, frutas, carne de ovelha ou carne de cabrito e muito mais.

No Brasil, foi da farinha de milho que se fez a reinvenção do cuscuz magrebe em valorização desse cereal americano. Esse cuscuz tem ainda as suas receitas ampliadas com o uso da massa de mandioca ou massa puba, que resulta em um prato delicioso que também pode ser feito com coco seco ralado.

O cuscuz de farinha de milho passa a ser uma comida do cotidiano e faz parte dos hábitos alimentares de grande parcela da população – em especial, do Nordeste. O cuscuz está no café da manhã, no almoço e no jantar e pode ser acompanhado por quase tudo: leite de vaca, leite de coco, banana, açúcar e canela, queijo, carne-seca, carne fresca e o que mais a criatividade de cada um possa desejar.

Assim, a cuscuzeira se torna um dos mais populares utensílios da nossa cozinha.

O recipiente tradicional africano – de cobre ou louça de barro – é constituído de duas partes. A parte inferior é um recipiente redondo no qual se faz um guisado cujo vapor vai cozinhar o cuscuz (que é colocado na parte superior da cuscuzeira). Essa parte superior tem uma forma semelhante à do recipiente de baixo, mas com um fundo dotado de furinhos. Aí se põe o cuscuz. Quando não se encontra uma cuscuzeira tradicional, pode-se recorrer a uma panela a vapor ou a uma peneira metálica que se adapte perfeitamente a uma grande caçarola. Há também cuscuzeiras feitas de alumínio.

CUSCUZ MARROQUINO, SÍMBOLO MAGREBE

O cuscuz de sêmola é um dos pratos emblemáticos do Magrebe, ou seja, Marrocos, Argélia e Tunísia. De procedência berbere, o cuscuz é uma especialidade local que faz parte tanto do cotidiano como das celebrações, como casamentos. A sêmola pode se apresentar em granulações diversas, determinando o tempo de preparo de cada receita. O guisado que gera o caldo do qual sai o vapor para cozinhar o cuscuz pode ser de carneiro ou de galinha, bem como de diferentes legumes.

UTENSÍLIOS DE COZINHA. AO FUNDO, A CUSCUZEIRA (TUNÍSIA)

Na cidade de Fez, Marrocos, os guisados de carne são mais leves: os ingredientes vêm cozidos e condimentados com muita delicadeza. Na Tunísia e na Argélia, são diferentes: mais substanciosos e saborosos. As carnes e, às vezes, também os legumes são antes corados em azeite de oliva. Os tunisianos parecem preferir os sabores decisivamente picantes. Os argelinos trazem do passado o tomate, e os marroquinos preferem o perfume e a cor dados pelo açafrão.

Uma forte influência francesa sobre a cozinha argelina induziu as últimas gerações a usarem, nos guisados, legumes europeus, como feijãozinho, ervilha e cenoura.

Frequentemente, como parte do cardápio do cuscuz, preparam-se um molho marcadamente picante, com pimenta caiena ou "chili" – pimenta-malagueta –, e um concentrado de pimentão vermelho chamado de harissa (pimentão vermelho picante, alho, coentro seco, sementes de cariz – alcaravia –, menta seca, folha de coentro fresco, sal e azeite de oliva).

PRECISÃO NO PREPARO

A preparação do cuscuz segundo a tradição magrebe é simples, entretanto pede um tratamento preciso: os grãozinhos de semolina devem ficar inchados, leves, aveludados e bem separados um do outro. Não tomando cuidado, o cuscuz sai grudado e pesado.

Em uma técnica, colocam-se os grãos em um recipiente e se despeja caldo fervente sobre eles em quantidade suficiente para cobri-los. O recipiente é então abafado com uma tampa ou um pano de prato limpo e seco para os grãos cozinharem no vapor ali formado.

A outra técnica envolve a cuscuzeira. Molha-se o cuscuz com um pouco de água fria, trabalhando-o com os dedos de forma que não se formem grumos. Ele é então derramado na parte superior da cuscuzeira quando falta cerca de 1 hora para terminar o cozimento do guisado (que deve estar fervendo no recipiente inferior). Mexem-se os grãos com as mãos para organizá-los e permitir que se inchem melhor. Então, os grãos são expostos ao vapor por cerca de 30 minutos. Depois se coloca o cuscuz em uma ampla terrina e ele é borrifado abundantemente com água fria, sendo mexido com uma colher para desmanchar eventuais grumos e separar os grãos que com a água se juntaram e colaram.

Pode-se acrescentar um pouco de sal (às vezes, contemporaneamente, une-se uma colherada de azeite de oliva). O cuscuz é colocado novamente na parte superior da cuscuzeira, e o cozimento a vapor prossegue por mais 30 minutos.

Alguns preferem cozinhar o cuscuz expondo-o apenas ao vapor de água fervente e, então, servem-no com um guisado preparado à parte.

Hoje, por comodidade, quase todos adquirem a farinha já pré-cozida. Nesse caso, a preparação pede pouquíssimos minutos – basta seguir as instruções da embalagem.

CUSCUZ DE TRIGO [TUNÍSIA]

INGREDIENTES

- 500 g de sêmola de grano duro
- Água, sal, azeite de oliva e passas a gosto

MODO DE FAZER

Coloque as passas em molho até estufarem. Em uma panela, frite o cuscuz no azeite, mexendo sempre, até que fique tostado. Acrescente sal e água até cobrir os grãos e deixe ferver. Coloque também as passas. Tire a panela do fogo, tampe e deixe repousar por 15 minutos. Então, mexa com um garfo para que os grãos se soltem.

CUSCUZ DE CEVADA E FAVA [MARROCOS]

INGREDIENTES

- 450 g de cevada estalada[1]
- 75 g de manteiga sem sal em pedaços
- 450 mL de água
- 150 g de fava seca
- 2 cebolas
- Sal e pimenta-do-reino preta moída a gosto

MODO DE FAZER

Lave a cevada em água corrente fria e deixe escorrer durante 3 minutos. Esprema a cevada com um pano limpo para retirar o excesso de água. Então, coloque-a na parte de cima da cuscuzeira, esfregando os grãos para se separarem. Cubra o contentor com uma musselina e depois com a tampa, e ponha-o em cima da parte inferior da cuscuzeira, já com água fervente. Cozinhe no vapor por 20 minutos. Despeje a cevada em um tabuleiro grande e, com a ajuda de um garfo, parta os pedaços inchados. Adicione 15 g da manteiga e, muito lentamente, vá deitando os 450 mL de água. Para que os grãos não fiquem muito empapados, mexa constantemente a cevada com o garfo, mantendo assim os grãos separados. Deixe secar durante 10 minutos antes de voltar a colocar na cuscuzeira e tampar. Cozinhe no vapor por mais 20 minutos. Volte a deitar a cevada no tabuleiro, parta quaisquer protuberâncias e deixe descansar mais 10 minutos. Durante esse processo com a cevada, descasque as cebolas e corte em rodelas. Cozinhe as favas e as cebolas em uma pequena quantidade de água e sal, até ficarem tenras. Escorra essa água e misture as favas e as cebolas com a cevada e o restante da manteiga. Acrescente a pimenta-do-reino a gosto.

---

1   A cevada estalada, que se encontra em lojas de produtos naturais, faz um delicioso cuscuz com aroma de nozes.

CUSCUZ COM DAMASCO SECO E AMÊNDOA [MARROCOS]

INGREDIENTES

- 350 g de cuscuz de sêmola pré-cozido
- 570 mL de água
- 75 g de damasco seco
- 50 g de miolo de amêndoa ligeiramente torrado
- Sal e pimenta-do-reino preta moída a gosto
- Coentro fresco, para servir
- 1 colher (sopa) de manteiga sem sal ou de azeite de oliva, para servir

MODO DE FAZER

Ponha o cuscuz em uma taça com 570 mL de água. Deixe repousar por 30 minutos ou até que a água tenha sido absorvida. Mexa com um garfo frequentemente para separar os grãos. Corte os damascos em tiras e misture ao cuscuz. Tempere com sal e pimenta-do-reino. Em seguida, coloque em uma cuscuzeira, em panela a vapor ou em escorredor de metal, forrado com musselina (coloque por cima de uma panela que acomode o escorredor, com água fervente, e cubra bem com papel-alumínio). Cozinhe no vapor durante 20 minutos até estar bem quente. Então, misture as amêndoas. Sirva com coentro, manteiga ou o azeite, se quiser.

VATAPÁ: UMA COMIDA DE PÃO

Mataba em Comores, matapá em Moçambique, vatapá no Brasil. Sem dúvida, as cozinhas mostram um permanente exercício de aproveitamento de ingredientes, e assim são construídos os pratos e organizados os cardápios do cotidiano e das festas. Pois as comidas celebram, aproximam, possibilitam muitos rituais de comensalidade e trazem as melhores memórias dos paladares de uma região, de uma comunidade, de um segmento étnico. Um bom exemplo é o nosso tão conhecido vatapá.

Inicialmente, para nós, brasileiros, uma comida relacionada à matriz africana (pelo uso do azeite de dendê), a receita do vatapá se revela como prato do Brasil ao aproveitar o pão do trigo introduzido pelos portugueses, com os acréscimos da castanha de caju – fruta nativa –, dos peixes, da galinha, do porco, que formam as bases dos diferentes tipos de vatapá, tudo celebrado no azeite do dendê, com complementos de amendoim e pimenta, entre tantos outros.

Nas nossas cozinhas tradicionais, o aproveitamento do pão tem, entre seus destaques, as rabanadas, também chamadas de fatias douradas ou fatias de parida.

Bolo de pão, pudim de pão, tudo remete às bases da açorda portuguesa, com o pão que é reciclado com temperos, azeite de oliva, camarões e um ovo fresco aberto sobre a massa pronta. Como costume medieval nos conventos, há a sopa-boba, um aproveitamento de tudo aquilo que a cozinha pode oferecer mais o pão; sempre o pão integrado às receitas.

O nosso vatapá marca a cozinha da Bahia, no Nordeste, região onde também há o vatapá pernambucano – que leva mais amendoim e pouco dendê apenas para pontuar. O vatapá baiano é inundado de dendê; é o chamado vatapá de mesa. No Norte, há interpretações no Pará, com mais camarão na receita – diga-se, camarão fresco.

Bom de ver e de comer é o vatapá, tradicionalmente acompanhado de acaçá de milho branco, massa sem tempero que é cozida envolta em folha de bananeira, para harmonizar com o vatapá condimentado. E ainda se come vatapá com arroz ou com arroz ao leite de coco.

VATAPÁ [BAHIA, BRASIL]

 INGREDIENTES

- 10 pães (tipo francês) passados (três dias)
- 500 mL de leite de coco
- 500 g de peixe fresco
- 500 g de camarão fresco
- 50 g de gengibre fresco
- 2 cebolas
- 250 g de camarão seco e defumado
- 100 g de amendoim torrado, descascado e moído
- 100 g de castanha de caju moída
- 250 mL de azeite de dendê
- Sal, limão, salsa fresca e coentro fresco a gosto

 MODO DE FAZER

Deixe os pães imersos por algumas horas em leite de coco misturado com água (o suficiente para cobrir) até que se forme uma massa. Durante esse processo, cozinhe o peixe fresco temperado com sal e limão a gosto em um pouco de água, descasque e limpe o camarão fresco, descasque e rale o gengibre, descasque e pique as cebolas. Moa o camarão seco, o amendoim e a castanha de caju. Acrescente todos esses ingredientes à massa formada pelo pão. Leve a mistura a uma panela e cozinhe por cerca de 1 hora, mexendo sempre. Após o cozimento, acrescente o dendê, para reforçar a cor. Se quiser, adicione salsa e coentro. Sirva com arroz de coco ou arroz branco ou, ainda, com acaçá de milho branco.

VATAPÁ (PARÁ, BRASIL)

ACARAJÉ (BAHIA, BRASIL)

ACARAJÉ: IDENTIDADE DA BAHIA AFRODESCENDENTE

Cada vez mais a comida é percebida e valorizada como uma manifestação de sensibilidade e de comunicação entre as pessoas. A comida exige todos os sentidos e sentimentos para ser então, verdadeiramente, integrada ao corpo e ao espírito.

Certamente na boca começa o coração. É justamente na boca, apoiada pelos sentidos da visão, do olfato, da audição e do tato, que a comida é integralmente entendida, assimilada e cerimonialmente assumida, ganhando valor simbólico.

Comer não é apenas um ato complexo biológico; é, antes de tudo, um ato tradutor de sinais, de reconhecimentos formais, de cores, de texturas, de temperaturas e de estéticas. Comer é um ato que une memória, desejo, fome, significados, sociabilidades, ritualizações que dizem da pessoa que ingere os alimentos, do contexto em que vive, comunicando também com os demais que participam do momento do ato de comer.

O valor cultural do comer é, cada vez mais, entendido enquanto um ato patrimonial, pois a comida é tradutora de povos, nações, civilizações, grupos étnicos, comunidades, famílias, pessoas. O sentido de pertencer a uma sociedade, a uma cultura, nasce primordialmente no falar um idioma e nos hábitos cotidianos da comida. É então a comida um "lugar", que confere à pessoa o seu pertencimento.

O amplo conceito de pertencimento no Brasil nasce na compreensão da forte presença dos povos africanos. Dos muitos pratos de matriz africana, o acarajé é um dos mais importantes, pelo significado em âmbito social e religioso e pelo que significa na afirmação de uma longa tradição de vender comida na rua – no caso, com a baiana de acarajé.

A venda de acarajé no tabuleiro é uma permanência econômica dos chamados ganhos, atividade que acontecia desde o período do escravagismo, quando mulheres iam para as ruas oferecer pratos salgados e bebidas artesanais, entre elas o emu – o vinho de palma ou vinho de dendê.

O acarajé, comida preparada com feijão-fradinho, cebola, sal e azeite de dendê, marca o estado da Bahia e, em especial, a cidade do São Salvador. Há uma profunda identidade do acarajé com o povo baiano e suas muitas tradições culturais.

O feijão é limpo, lavado e passado por um moinho; a massa, acrescida de cebola ralada e sal, deve ser muito bem batida para manter a consistência necessária para a fritura.

O acarajé, bolinho comportando o formato de uma colher de sopa ou em formato ampliado, é posto a fritar no azeite de dendê fervente. Deve ser comido quente, puro ou acrescido de molho de pimenta, vatapá, caruru, salada ou camarão defumado, constituindo-se em um verdadeiro sanduíche, popularmente chamado de sanduíche nagô.

O acarajé está presente no cardápio sagrado do candomblé. É comida especial do orixá Xangô e integra um importante imaginário dos pratos com dendê na formação de uma gastronomia dos terreiros. Os acarajés oferecidos aos orixás têm formatos especiais e são ritualmente colocados nos santuários com outras comidas.

Comer acarajé no final de tarde na cidade do São Salvador é um costume que pontua o cotidiano, pois é também o encontro, o reencontro, conferindo ao alimento valor inegável de sociabilidades. O tabuleiro é a referência. Acarajé frito na hora, dendê fervente, aproximando devotados consumidores desse bolinho que é a Bahia pela boca, sendo refeição, refeição complementar ou lanche, o que também acontece com o abará, o bolinho de estudante, cocadas, bolos, entre outras delícias da venda pública e profundamente cerimonial no tabuleiro.

O acarajé nomina também um dos rituais mais importantes dos terreiros de candomblé. É o "Acarajé de Iansã", quando no barracão (salão de festas, espaço público) acarajés são distribuídos a todos os presentes, ofertas feitas pelos orixás, pelas pessoas em estado de santo, Iansã ou Oyá, comemorando assim sua festa, seu momento religioso, em que o alimento é a comunicação mais direta e eficaz entre a divindade e o homem.

CAMARÃO SECO E DEFUMADO (MARANHÃO, BRASIL)

Certamente, santo é santo e orixá é orixá; porém, na vida religiosa e na fé popular, há forte inter-relação que faz viverem e acontecerem as devoções nas casas e na rua. Julho é mês do caboclo, ancestral da terra brasileira. E, no mês de dezembro, temos, no dia 4, Santa Bárbara; no dia 8, Conceição, carinhosamente chamada de Conceição da Praia; no dia 13, Santa Luzia. E, depois, o Natal e, novamente, Dia de Reis e as festas que vivificam a cidade e o seu povo, povo ungido de acarajé. Esse povo da Bahia.

PATRIMÔNIO CULTURAL

Democraticamente, o conceito de patrimônio cultural amplia-se perante políticas públicas do Estado. Compreende-se a cultura de maneira plural e contextual, dedicando-se aos seus inúmeros realizadores, pela experiência e pela vivência, e não apenas pela apreciação.

Tão outros patrimônios, muito além daqueles tradicionalmente consagrados. Tão patrimônios pelo que significam e representam das muitas diferenças, da alteridade, do direito a se manifestar e se reconhecer em temas e padrões que singularizam, caracterizam grupos, comunidades.

É essa a compreensão mais atual e internacional sobre patrimônio cultural: o que há de particular, próprio e diferente marca identidade, comunica-se em contextos cada vez mais universalizados.

Tão de valor e importância como uma talha dourada, um santo barroco, a farda militar de um herói é o acarajé, que tem significado e igual hierarquia entre outras e diferentes manifestações patrimoniais do brasileiro.

O acarajé, por meio do ofício da baiana de acarajé, é registrado em dezembro de 2004 como patrimônio cultural imaterial brasileiro.

O reconhecimento patrimonial da comida é o reconhecimento da importância dos sistemas alimentares na formação das identidades, na afirmação dos direitos culturais e no fortalecimento da cidadania.

ACCRA 1 [NIGÉRIA]

INGREDIENTES

- 500 g de feijão-fradinho
- 4 dentes de alho
- 1 L de óleo de girassol para fritar
- Sal a gosto

MODO DE FAZER

Lave os feijões e deixe de molho por 2 dias. Passado esse tempo, tire a pele dos feijões e os amasse em um pilão. Descasque os dentes de alho. Passe a massa por um processador de alimentos com o alho, além de sal, até que se torne uma pasta homogênea e cremosa. Em uma frigideira, aqueça o óleo e só quando estiver bem quente use uma colher de sopa para tirar as porções da pasta e colocar para fritar. Vire o bolinho quando estiver dourado de um lado, a fim de que a fritura fique uniforme.

ACCRA 2 [NIGÉRIA]

INGREDIENTES

- 250 g feijão-fradinho
- 1 cebola
- 1 jindungo (pimenta fresca)
- 15 mL de água
- Óleo vegetal, para fritar

MODO DE FAZER

Deixe o feijão de molho em bastante água fria (por 6 a 8 horas ou durante a noite). No momento do preparo, descasque e pique a cebola. Abra a pimenta ao meio e retire as sementes. Escorra a água do feijão e esfregue os grãos entre as mãos para remover a pele. Coloque o feijão em uma tigela e cubra com mais água para as peles virem à superfície. Retire as peles e deixe o feijão de molho por mais 2 horas. Então, passe o feijão por um processador com a cebola, a pimenta e a água até obter um purê espesso. Deite o purê em uma tigela e mexa durante alguns minutos. Aqueça o óleo em uma frigideira grande e frite colheradas do preparado cerca de 4 minutos até que fiquem dourados.

O OBJETO TORNA-SE UM TESTEMUNHO NÃO APENAS DO
CONHECIMENTO TÉCNICO, MAS PRINCIPALMENTE DA VISÃO DE
MUNDO, DE SUA REVELAÇÃO, HOMEM E SOCIEDADE, DIALOGANDO NA
TENTATIVA DE DIZER QUEM ELE É PELO QUE FAZ, SIGNIFICANDO PARA
SI E PARA O SEU GRUPO VALORES SIMBÓLICOS DE QUEM VIVENCIA O
SEU MODELO CULTURAL.

———

RAUL LODY,
BARRO & BALAIO: DICIONÁRIO DO ARTESANATO POPULAR BRASILEIRO

QUARTINHA: UM OBJETO SIMBÓLICO AFRO-BRASILEIRO

Entre os muitos objetos de cerâmica do amplo e rico artesanato tradicional da Bahia, merecem destaque os utilitários do Recôncavo. Eles mostram uma grande variedade de tipos, formas, usos e soluções estéticas, que conferem a essa louça de barro reconhecimento como acervo patrimonial baiano. São diferentes objetos, na sua maioria de uso cotidiano nas casas e, em especial, para as cozinhas e para servir a comida nas mesas.

A comida é, antes de tudo, um texto estético, sensorial, que possibilita comunicação e pertença. E esse texto só é entendido na sua complexidade quando a louça e os demais objetos que fazem parte da linguagem iconográfica da comida a representam.

E, assim, vê-se a comida enquanto uma fantástica representação simbólica e visual de uma arte literalmente interativa com o corpo e com o espírito.

QUARTINHA DECORADA (BAHIA, BRASIL)

Nesses conjuntos de objetos de barro, há um que é próprio para conter e transportar líquidos: a tão popular e conhecida quartinha, objeto também de imediata comunicação simbólica com o que é africano, especialmente nos terreiros de candomblé.

A quartinha integra uma verdadeira família de utilitários que formam um conceito visual e que é completada com a quarta e o quartinhão (ou porrão). Cada um comporta quantidades específicas de líquido.

A quartinha, em forma e técnica ceramista, nasce na Península Ibérica, com as "loiças" de Portugal – em especial, da cidade de Aveiro – e com as produções de alta tecnologia cerâmica da Espanha.

Na Espanha, veem-se as louças douradas de Valência (século XV), que interpretavam a "faensa" da Itália.[1] Também havia uma grande produção de louça malagueira, que abastecia Portugal (séculos XV e XVI), procedente de Málaga, na Andaluzia, e, ainda, de louça de Talaveira. A essa produção espanhola se acrescenta a faiança de Delft, Holanda, estilo de louça branca e azul que também recorre às bases ibéricas em técnica e estética.

Nesse amplo processo de tipos e de comércio de utilitários, ainda se misturam as técnicas "alla porcellana" de Montelupo, Itália, que mostram peças esmaltadas brancas e pintadas de azul, cores já dominantes desse tipo de artesanato oleiro. Juntam-se a esses contextos a louça de Werra, Alemanha, a de Beauvais, França, e a de Macau, China, a partir de 1533, além das dos Açores, Portugal.

Essas cerâmicas eram usadas nas casas e também abasteciam os mercados para transportar bebidas, azeite de oliva, azeitonas, peixes em conserva, entre tantos outros usos. Contudo, fundante para Portugal é a louça malagueira, da região da Andaluzia, sul da Espanha, caracterizada pela técnica de esmaltar de branco o barro e de ótima qualidade para as funções utilitárias. A Andaluzia, como toda a Península Ibérica, também é marcada pela influência magrebe.

---

1   Referência à comuna italiana de Faenza, grande produtora da cerâmica conhecida como faiança.

Sem dúvida, a presença magrebe em Portugal e na Espanha por mais de 700 anos forma uma verdadeira civilização, que traz um complexo processo cultural, social e econômico integrante da vida brasileira por meio da colonização portuguesa em diferentes aspectos do cotidiano: nas festas, na religiosidade, no português que falamos – repleto de palavras árabes –, nos ingredientes, nas comidas, nas escolhas estéticas, entre outros.

O desenho consagrado da nossa quartinha se dá nesse caminho da Península Ibérica magrebe como um utilitário da casa, de uso pessoal, para conter líquidos, normalmente água, pois a quartinha é marcada como um objeto pessoal, particular.

A quartinha, como diz o nome, caracteriza-se principalmente pela quantidade de líquido que comporta. A base de referência para tal quantidade está de acordo com os variados utilitários de barro – em especial, o quartilho (500 mL).

Assim, ocorre uma variada produção de utilitários de barro para usos diversos e para conter diferentes quantidades de líquidos. A partir daí, de quartilho deriva a palavra "quartinha", comportando 500 mL.

Na Bahia, na produção contemporânea, podem-se encontrar quartinhas preservando o formato da louça malagueira. É uma peça de barro brunido e que pode apresentar diferentes pinturas feitas com variados pigmentos naturais ou industrializados.

Sem dúvida, os hábitos do cotidiano – especialmente no Recôncavo da Bahia – ainda recorrem ao utilitário de barro, à quartinha, que está integrada à vida e aos costumes nas casas.

Contudo, a grande permanência e o uso em quantidades expressivas estão nas comunidades dos terreiros de candomblé, que, por meio desse utilitário de barro, fazem as suas liturgias e compõem os seus santuários. A função de conter a água é dominante e fundamental no amplo e dinâmico universo afrodescendente, que tem, nas quartinhas, um forte elo com a sua identidade.

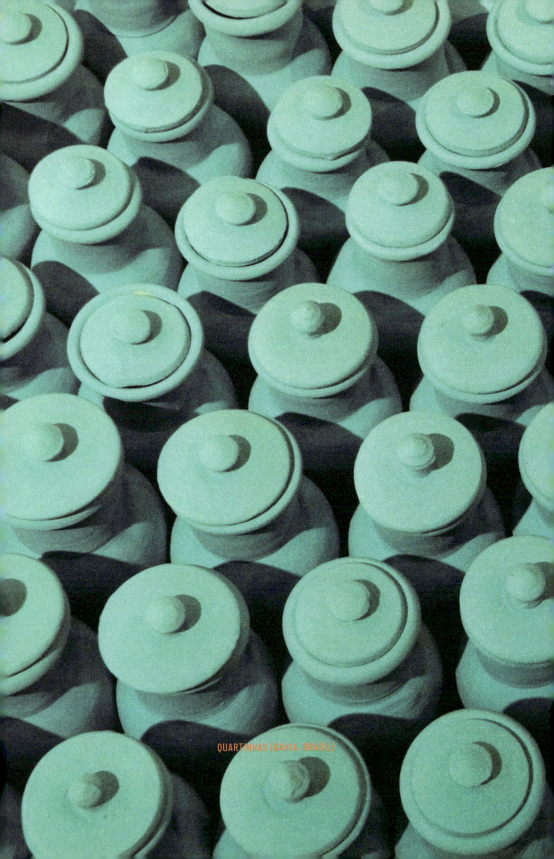
QUARTINHAS (BAHIA, BRASIL)

VOCABULÁRIO RÁPIDO SOBRE LOUÇAS E OUTRAS PEÇAS DO BRASIL LUSO E AFRODESCENDENTE

ALCATRUZ. Utensílio de barro para puxar água, também um tipo de armadilha para capturar polvo no mar. Técnica chamada pesca com alcatruzes.

ALMOTOLIA. Utilitário para servir azeite. O mesmo que azeiteira.

AZADO. Utensílio de barro usado para assar.

BILHA. Variação do cântaro, da moringa e da quartinha.

CÂNTARO. Peça de base grega (século III a.C.) usada para guardar líquidos. Pode apresentar alças. O mesmo que almude, uma referência de 25 L para vinho e azeite de oliva.

COARTEJA. Provavelmente, quartinha, em uma compreensão de utilitário cuja função é comportar líquidos. Assim, contém uma quantidade específica que orienta formato e indica os seus diferentes usos no cotidiano.

ENCRESPADA. Louça pintada de Aveiro e de Ovar, Portugal.

FAIANÇA. Tipo de cerâmica branca que apresenta uma menor quantidade de caulim. Um tipo de louça mais popular do que a porcelana e a grés.

FAIANÇA MALAGUEIRA. O mesmo que malagueira.

FAIANÇA PORTUGUESA. Louça totalmente branca.

GRÉS. Tipo de argila com muita sílica, de grão fino, com característica refratária. Suporta altas temperaturas.

LOIÇA DE PORTUGAL. Pode-se incluir o conceito de loiça "do Reino", também chamada de loiça branca. Utilitário para a cozinha. Cerâmica para revestimento e armazenamento e, em destaque, os azulejos e as fôrmas de açúcar. Essas fôrmas são feitas de um tipo de louça que suporta altas temperaturas, usadas no fabrico do açúcar, também conhecidas como "cerâmica do açúcar". Essa produção foi intensa nos séculos XVI e XVII.

LOIÇA "DO REINO". Louça de faiança importada por Portugal de Valência, região da Andaluzia, Espanha. Louça esmaltada de branco que não apresenta decoração, sendo totalmente branca. Ainda na categoria loiça "do Reino" há a loiça vermelha (modelada, cozida e brunida na cor original do barro).

LOIÇAS DE AVEIRO. Esse importante centro de produção de loiças se dá em virtude da qualidade dos barreiros, do calcário e da argila, bases para as modelagens e a fabricação dos objetos. Assim, as peças são conhecidas como loiça de barro, loiça vermelha, loiça vidrada, loiça pintada, loiça branca.[2]

LOIÇAS MAIORES DE AVEIRO E DE OVAR (PORTUGAL). Talhas com testos (tampa); cântaros grandes; cântaros grandes e brunidos; quartas; almotolias; assadores; azados para comer; salseiras de mostarda; cuscuzeiros; bacias para comer.

MALAGUEIRA. Referente a Málaga, região da Andaluzia, Espanha. Nomina uma categoria de artesão que trabalha com modelagens no barro e que se distingue do oleiro por ter maiores habilidades e conhecimentos sobre louças de barro e, em destaque, louças vidradas. Também designa louça de barro vidrada de branco (séculos XV e XVI).

OLEIRO. Artesão que trabalha com barro para produzir diferentes tipos de objetos.

PÃO DE AÇÚCAR. É a cerâmica do açúcar, fôrmas para fazer açúcar, a partir de uma padronização de forma e quantidade por Dom Manuel I, em 1501, que determina as louças para as ilhas atlânticas (especialmente, a ilha da Madeira), onde se estabelecem os engenhos de fazer açúcar. A fabricação de pão de açúcar de louça branca ocorre principalmente em Aveiro, Portugal.

PINGADEIRA. Utilitário de barro em que se colocam os "pingos", molho, em uma comida a assar.

POTE. Utilitário de barro que comporta 6 canadas,[3] cerca de 9 L.

TALHA. Vaso de barro de grande bojo para conter líquidos e cereais.

---

2   Tipologias de loiças de Aveiro e de Ovar, Portugal: pratos, tigelas, panelas, potes, alguidares, alcatruzes, jarros, tachos, cântaros, talhas, cantis, atamores, testos, bilhas, mealheiros, malgas, porrão, pingadeira, enfusa, vaso de água, sertã, entre outras, que marcaram em tipo e técnica a vasta produção oleira do Brasil.

3   Unidade de medida utilizada para líquidos em Portugal antes da adoção do Sistema Internacional de Unidades. Correspondia a 1,5 L.

IOIÔ, MEU BEM,
NÃO ME SUBA NO TELHADO
NÃO ME PISE OS ABERÉM.

———

POESIA POPULAR NA BAHIA

MULHERES DE GANHO: A VENDA AMBULANTE DA COMIDA

Componentes das paisagens das cidades do Rio de Janeiro, do Recife e, em especial, do São Salvador, elas são personagens urbanas, mulheres trabalhadoras, verdadeiras mantenedoras de famílias, geralmente vinculadas aos terreiros e continuadoras dos ganhos, das vendas nas ruas, praças. São as vendedeiras, quituteiras, baianas de tabuleiro, baianas de rua, baianas do acarajé ou, simplesmente, baianas.

Tipo social e cultural que marca a vida de algumas capitais, elas projetam na roupa um comportamento étnico, uma marca – muitas vezes, dos terreiros –, no cotidiano de milhares de pessoas, identificando a baiana como uma quase síntese do que é afro, também de um sentimento sagrado próximo, convivente e integrado às cidades.

MULHER DE GANHO – AQUARELA DE CARLOS JULIÃO, SÉCULO XVIII, MINAS GERAIS, BRASIL

Essa atividade econômica do ganho, de certa forma, é uma continuidade do que faziam os escravos da cidade. Na categoria de escravo da cidade distinguiam-se os da casa e os da rua. Os da casa estavam para os convívios e serviços na cozinha, na cama, em atendimentos a todos os desejos dos senhores. Os da rua eram caracterizados pela força exigida em tarefas masculinas, como transportar objetos, entre outras. Eram os "ganhadores", prestadores de serviços remunerados por cada tarefa – também ganhos para a venda de comidas e de objetos artesanais, como cerâmica e renda.

Na cidade do Salvador, nos Arcos de Santa Bárbara, concentravam-se os guruncis, gruncis ou os "negros galinhas". Nas imediações do Hotel das Nações estavam os hauçás – negros muçulmanos, famosos por suas lutas pela liberdade e pela cultura fundada no Alcorão. Os nagôs estavam na Ajuda, na Piedade, na ladeira de São Bento e no Campo Grande, onde também se encontravam os jeje, procedentes dos grupos fon-ewe.

Algumas vendedeiras, como tias, tias "da Costa" – mulheres negras, filhas e netas de africanos –, eram mulheres africanas muito respeitadas e em sua maioria se vinculavam ao candomblé. Vendiam produtos africanos em quitandas estabelecidas em áreas da cidade do Salvador (como o Pelourinho, por exemplo) ou em outros tipos de venda. Entre esses produtos, comida, panos de alacá, palha, obi, orobô, contas, sabão, todos "da Costa", provenientes dos grandes e famosos mercados da Nigéria, do Benim.

> [...] TIAS DA COSTA NAQUELES RECUADOS TEMPOS, PREPARANDO A IGUARIA [...]. ABERÉM ERA COMIDA FEITA COM VÁRIAS DESTINAÇÕES. ABERÉM PODIA ACOMPANHAR CARURU, BADOFE, VATAPÁ. NÃO OBSTANTE SER DE MILHO BRANCO, OU VERMELHO, DEIXA-SE DE MOLHO, RALA-SE NA PEDRA ATÉ FICAR COMO PASTA. O TEMPERO É SIMPLES. SE FOR DE MILHO BRANCO, NÃO LEVA NADA, NEM MESMO SAL. SE FOR VERMELHO, LEVA AÇÚCAR A BOM PALADAR. DEPOIS DE BATIDA, A MASSA É EMBRULHADA, COMO SE FOSSE BOLA, NAS FOLHAS SECAS DA BANANEIRA [...]. COZINHA NO VAPOR D'ÁGUA. O ABERÉM PODE SER COMIDO COMO BOLO. (VIANNA, 1973, P. 128)

ABERÉM (BAHIA, BRASIL)

Essas vendas também funcionavam como verdadeiros reencontros com terras de origem, com a África. Origem de ancestrais, era uma África falada e simbolizada principalmente pelos produtos procedentes de terras, de cidades, de famílias, de artesãos, de valores emocionais unidos aos valores utilitários para o cotidiano, para o terreiro, para o curso religioso, para o orixá, para o vodum, para assim manter ligações permanentes entre a Bahia africanizada e a África legitimadora das suas continuidades além-Atlântico.

As vendas de fato, "gamela de fato", contendo vísceras do boi, miúdos, queixada, pés, faceiras e outros itens, distinguiam outros ganhos. Em grandes cuias, meias cabaças, as mulheres levavam panos de alacá (panos da costa) em tiras. Eram tecidos feitos em teares por tecelões e que, após costurados, viravam os complementos das roupas afro que simbolizavam *status* e tipo de nação para os terreiros. Daí o nome pano de cuia, também um tipo de ganho nas ruas e nos mercados.

Contudo, o ganho com as comidas foi o que marcou a atividade econômica da mulher nas ruas, dando certa autonomia para cumprir os ciclos de festas-obrigações dos terreiros. O ganho financiava o religioso, garantia os compromissos individuais para com o orixá, o vodum, o inquice, o santo.

Os conhecimentos do artesanato culinário uniram-se ao artesanato da costura, do bordado, do enfiamento de fios de contas, dos trabalhos com búzios, palha da costa e outros materiais integrados ao imaginário dos terreiros e que funcionam em perfeita relação com o que se come, o que se vê, com o que significa cada alimento feito no dendê, cada fio de contas, cada pulseira, maneiras de arranjar na cabeça os oujás, para os torços e tantos e muitos outros detalhes desse verdadeiro barroco afro que é a rica roupa da baiana.

Compunham o ato do ganho (ou da venda) a roupa, o estar de saia ou usar saia, o que significa trajar à baiana. Também, hoje, é referência no ganho o acarajé, alimento que marca a atividade e a mulher.

Os acarajés, tradicionalmente, eram comercializados nas ruas do Salvador em gamelas de madeira, gamelas redondas, semelhantes àquelas usuais nos terreiros de candomblé para oferecer aos orixás e adeptos o mesmo alimento sagrado.

A venda de mingaus, o café da manhã de muita gente na Bahia, tinha em quantidade e variedade nas bancas das quituteiras, algumas especialistas nesse alimento. Ainda hoje há venda de mingaus, um hábito não só da Bahia mas do Nordeste, mingau sustança, alimento forte para começar a jornada. Mingau de milho, mingau de carimã, mungunzá, entre outros.

> MINGAU VENDIDO AO CLAREAR DO DIA POR UMA MULHER QUE MARCAVA POR MARCAR, PORQUE ERA FÁCIL FAZER FREGUESIA CERTA. EM SUA GAMELA REDONDA DE PAU, ASSENTADA SOBRE GROSSA RODILHA DE PANO DE SACO [...]. ELAS TODAS ERAM MAIS OU MENOS A MESMA COISA. PRETAS OU MULATAS. METIDAS EM SUAS SAIAS RODADAS [...]. (IBID., P. 114)

> AS TÉCNICAS ARTESANAIS E DE LONGO E COMPLEXO PREPARO CONFERIAM AOS MINGAUS, OUTROS DOCES E MESMO AO ACARAJÉ, AO ABARÁ E AO ABERÉM (ACAÇÁ) O SUCESSO DO SABOR, A MAGIA DO PALADAR ORIGINÁRIO DAS MÃOS FEMININAS DAS QUITUTEIRAS.

> AS VENDEDEIRAS DE MINGAU, VENDEDEIRAS DE CUSCUZ, TODAS ELAS TINHAM UM MESMO LIDAR [...]. MUITAS FAZIAM A SUA VENDA NO MESMO CÔMODO EM QUE DORMIAM. TINHAM SEUS FOGAREIROS, SEUS TACHOS E BUMBAS-MEU-BOI (PANELÕES EM BARRO OU EM FERRO), SUAS COLHERES DE PAU, PILÃO, RALO GRANDE COM CABO DE MADEIRA OU DE PEDRA, ALGUIDARES, GAMELÕES, CUSCUZEIROS, UM VERDADEIRO ARTESANAL. TEMPEROS E FORNOS [...]. (IBID., P. 115)

OS TRANSPORTES EM MOCÓS, BALAIOS, CESTOS DOS MUITOS UTENSÍLIOS NECESSÁRIOS ÀS VENDAS DAVAM A ESSAS MULHERES VERDADEIRAS IMAGENS DE ESCULTURAS MÚLTIPLAS AMBULANTES. NA CABEÇA, O TABULEIRO; NAS MÃOS, FOGAREIRO, BANQUINHO, GUARDA-SOL, ENTRE OUTROS ITENS, FORMADORES DE CONJUNTOS IDENTIFICADORES DAS BAIANAS, QUASE SEMPRE POR PARENTES OU AMIGOS QUE TAMBÉM AJUDAVAM NA CONDUÇÃO DE TUDO O QUE ERA IMPRESCINDÍVEL AO MISTER DE VENDER COMIDAS.

Instaladas, eram e são as donas dos pontos, ficando famosas pela qualidade do acarajé, do abará, da cocada e, principalmente, pelas boas maneiras de se relacionarem com os fregueses, muitos já fiéis de sua baiana preferida ou de um tipo de comida também predileto, e, ainda, pelas conversas, pelos conselhos, pelas relações de amizade que se fortaleciam e se fortalecem em visitas diárias às donas de certas áreas da cidade.

NO TABULEIRO DA BAIANA TEM...

A MULATA É DE OURO?
É OURO SÓ.
AS CADEIRAS DELAS
É OURO SÓ.
POESIA POPULAR NA BAHIA

Tem de tudo, tem comida, tem dendê, tem a África simbolizada, tem os orixás e santos próximos da Igreja sempre invocados para vender, para criar fama de seus produtos, de ser conceituada pela alegria, pois baiana de tabuleiro tem de sorrir, sorrir muito. Baiana de tabuleiro é um tipo-síntese de terreiros de candomblé, de mulher, mulher-sensual, mulher-sábia, mulher--negra, simplesmente mulher.

São as mulheres do partido alto, muitas donas de bancas, de vendas de comidas nas ruas, sempre bem-vestidas, distintas pelo trajar com afinco e rigor, pelo uso de fios de contas, corais, bolas de prata, bolas de ouro, exigindo um poder, poder feminino, matriarcal, sensual, um poder muitas vezes também religioso do candomblé.

> *[...] AS MULHERES DE SAIA, CHEIAS DE OURO DAS PENCAS, COBERTAS DE ANÉIS, PULSEIRAS, COPOS, BRACELETES, CORRENTÕES. MULHERES QUE TINHAM GANHADO TUDO AQUILO GRAÇAS A SEU TINO COMERCIAL OU À PROTEÇÃO DE ALGUM APAIXONADO PORTUGUÊS RICO OU ENDINHEIRADO. ESSAS ERAM FELIZARDAS DONAS DE QUITANDA SORTIDA, MULHERES DE PARTIDO ALTO, QUE IAM ÀS PROCISSÕES COM SEUS PANOS BONS [...]. (IBID., P. 146)*

O estar de saia é estar de traje de baiana. Contudo, são diferenciados o estar de saia para o cotidiano, para a festa na Igreja, para a festa no terreiro, saia para passear, geralmente mais curta, bata também mais curta – detalhes dos usos sociais do próprio traje. Como diz a poesia popular baiana, "toda a prata que fascina/ todo o marfim africano/ todas as sedas da China".

Assume a mulher seu papel múltiplo no mundo afro-brasileiro: papel econômico, papel de mãe, papel de mantenedora da família, papel religioso que funciona legitimando e relacionando demais papéis sociais.

No tabuleiro, na caixa, nas bancas de rua, a atividade da venda de comidas é um elo que fortalece as identidades africanas e nacionalmente afro-brasileiras nos terreiros. A comunicação e a cultura dão-se pela boca, pela ação do próprio comércio na rua.

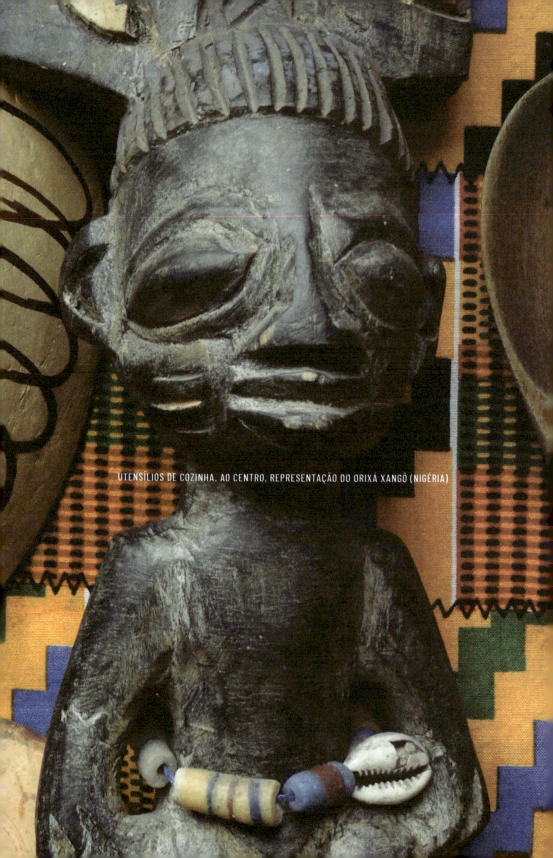

UTENSÍLIOS DE COZINHA. AO CENTRO, REPRESENTAÇÃO DO ORIXÁ XANGÔ (NIGÉRIA)

PARTE 2

ÁFRICA À BOCA

O ALFORJE ESTÁ DO NOSSO LADO,
COMO UM AMIGO SINCERO.

———————

TRADIÇÃO ORAL IORUBA

O MITO E A COMIDA

Há uma forte base cultural da alimentação referenciada na caça. Assim, os animais passam a ter suas características e funções integradas a cada modelo etnocultural, com significados nutricionais e simbólicos.

Entender a comida sem os contextos em que ela está inserida é um entendimento meramente funcional, relacionado apenas à saciedade nutricional. Não traz qualquer referência de construção de identidade alimentar, o que é essencial para a sua compreensão.

O mundo criado pelos deuses – não apenas um Deus, mas vários, tantos conforme as necessidades de explicar, traduzir e relacionar o homem com a ancestralidade, o homem com a natureza, o homem com as suas formas civilizadoras.

Na diversidade de povos, de civilizações e de culturas do continente africano, o entendimento do mundo, da natureza e da criação do homem sempre terá uma base mítica que determinará pertencimento e identidade.

Para o povo ioruba, há nove espaços no orum (céu), que abrigam os mitos genéticos, os responsáveis pela criação do mundo. O ayê (terra) representa a ocupação do homem que domina e transforma, que planta e colhe. E o mundo é representado por duas meias cabaças que trazem todos os elementos da vida e da morte. Os elos permanentemente unem passado, ancestralidade, presente. Isso significa o hoje (vida no ayê) e a projeção para o futuro (vida no orum).

Os criadores do mundo são chamados de fun-fun (brancos), que representam a água e fazem a mistura de terra e água, modelando o homem.

No caso afro-brasileiro, os criadores são Oxalá, que representa a cultura ioruba, Lissa, que representa a cultura fon, e Lembá ou Lembarenganga, representando as culturas banto, dos quais vem o nascimento dos animais, dos vegetais; do homem que caça, que cuida dos campos, que constrói, que luta, que planta.

Em uma leitura sobre a África presente no Brasil, há uma unidade fundamentada nos princípios que regem as coisas da natureza. Homem e ancestral estão sempre juntos nas interpretações da natureza.

África real, África vista e interpretada por critérios arqueológicos, históricos, étnicos, sociais, econômicos, políticos, culturais, une-se ao profundo sentimento de Mãe África, terra ancestral, base, que traz memórias e tradições, também territórios idealizados, recriados, maneiras de manter identidades na diáspora, e assim há um amplo sentimento de fortalecer esse ideal de lugar mítico.

Lugar de heróis e de deuses e suas representações em terra, água, fogo, ar, mata, pedra, raio, vento, trovoada, relâmpago, folha, árvore, bicho, gente; água doce, água salgada; ferro, espada, lança, machado, coroa; símbolos tantos que possibilitam a comunicação no espaço primordial que é a natureza.

Assim são lembradas as histórias de mitos fundadores, de temas que trazem e valorizam ações civilizadoras como a sabedoria da caça, um princípio fundamental à vida e à manutenção das sociedades.

O mito de Odé, o caçador, o provedor, é criação e memória dos iorubas, povos da Nigéria, do Benim, do Togo e de outras localidades próximas, que justifica o sentido e o símbolo da carne enquanto a melhor representação da comida.

A caça assume o valor do alimento e marca um sentimento de fartura, embora esta venha também da agricultura, da pesca, da coleta de frutos, de folhas, entre outras maneiras de produzir comida.

Certamente outros mitos integram esse complexo conjunto de representações da natureza; assim, Okô é a agricultura, por exemplo, e cada ingrediente tem um sentido próprio, e tudo interage com o amplo conceito de que a comida é a caça, a caça que Odé realiza e que também preserva, buscando manter o equilíbrio da natureza. Manter as opções de caças e sempre obter a comida.

Há um conhecimento fundamental da natureza, que é interpretada enquanto lugar da vida e da preservação da vida. São muitos temas míticos que trazem memórias coletivas e são transmitidos no conceito de valorização das relações éticas entre o homem e a natureza, pois o caçador é um intérprete sobre as matas e os animais. Odé tem uma única flecha e, por isso, certeira. Tem que ser seletivo na caça, pois o caçador tem um princípio mantenedor. É uma vitória pela vida e pela natureza. Necessária sua manutenção porque é sagrada e porque é a base da alimentação.

No Brasil, há uma forte tradição no consumo da carne de gado, remetendo ao caçador, à chamada carne vermelha, que tem sangue, integrada a muitas receitas e estilos regionais de comer. A carne também representa poder, o poder de comer. Essa construção da comida associada à carne é uma orientação mítica, o mesmo acontecendo com o açúcar da cana, outra referência alimentar do brasileiro.

Assim, a comida é uma representação da natureza e das suas peculiaridades – e, assim, as possibilidades da alimentação do cotidiano e das festas; as construções de cardápios, a seleção e a organização de insumos com diferentes significados e que revelam conhecimentos de nutrição, de saúde, de variados símbolos, mitos e sabedoria ancestral que se comunicam no prato.

A MULHER NO PENTEADO,
E O COZINHEIRO NO ASSADO.

———

DITO POPULAR ANGOLANO

COMIDAS AFRICANAS DA TERRA E DO AR

O ditado que inicia este capítulo traduz bem as funções e os papéis sociais definidos em um contexto formador da sociedade nacional: machista, refletindo imagens associadas aos povos muçulmanos – a mulher para os enfeites, para os aviamentos; o homem para prover a casa, por isso merecedor de respeito, de reverência quase divina. Fazer a comida, embora atividade consagrada ao espaço feminino, é posta como uma ação fundamental, a da alimentação: simbolicamente, o assado, a carne. E assim é masculina em representação, em vocação no mundo dos homens.

FAVA E CARNE DE CHARQUE (PERNAMBUCO, BRASIL)

A carne cerimonialmente no fogo, na brasa, é tema de reuniões. Lembranças ancestres mostram que, em torno do fogo, os homens se reúnem para conversar e deliberar. É ato milenar, convencional, os conselhos dos mais velhos, dos dirigentes, das classes de guerreiros, de caçadores – personagens hierarquicamente reconhecidos. O fogo é o ponto focal, de simbolização de nascimento, de purificação e de renascimento.

Hoje, o costume de promover reuniões em torno de churrasqueiras improvisadas em ruas, esquinas, na beira-calçada, quase sempre móbiles, remete às deliberações em torno da fogueira. Em substituição à caça, linguiças, miúdos de frango, carne de frango, peixe fresco, bacalhau e principalmente, ostensivamente, carne verde, fresca, sangrenta, carne de boi.

Há ainda as reuniões em casa, em clubes, em associações cujas churrasqueiras são fixas, de alvenaria, de ferro, mais formalizadas; contudo, mantêm-se os sentimentos de grupos que se encontram para comemorar, ritualmente devorar carnes, carnes variadas.

As churrascarias, verdadeiras catedrais das carnes. Carnes em rodízio, fartura visual, exibição de partes nobres dos animais, de ofertas barrocamente sedutoras para a boca, para o olfato, para a gula. Comer muito, comer quase à exaustão – lembranças remotas dos banquetes romanos. É solene o desfile de espetos e carnes. O cheiro invasor de gorduras de diferentes origens confere aos ambientes o sentimento litúrgico dos incensadores – purificam e anunciam os ritos da comilança.

Contudo, os "pontos dos devotos" dos churrascos de rua, aqueles publicamente festivos, de reuniões de turmas, tribos, famílias, agregados, colegas profissionais, de encontros em bares, em botequins, de frequentadores de esquinas, são os mais criativos, animados, agregadores de música, dança, jogos, fomentos diversos, de sexualidade, de autoridade, de um fascinante campo para vivenciar a carne em todos os seus múltiplos sentidos físicos e idealizados – democraticamente, carne para todos.

Além do desejo de comer carne, de beber em grupo, há um fator marcante, o da comida lúdica. Aquela que é o motivo do encontro, não sendo desejada só para a nutrição mas também para as sociabilidades. É um ato generoso compartilhar o mesmo alimento, alimento comunal.

A comida sangrenta traz um forte sentido terreal, de momento, de relação ao imaginário do vermelho e de todos os seus muitos significados morais, históricos, mitológicos, sociais e referentes ao próprio alimento.

A carne e sua visualidade vermelha reforçam e unem o homem aos símbolos de vida, de se alimentar para viver e de se alimentar por meio das representações. Alimentação estética e motivação para comer, reunir-se e preferir um tipo de alimento, promover um tipo de ritual em preferência aos demais – no caso, a carne mimeticamente relaciona a um desejo interior e mesmo misterioso da antropofagia.

Os guerreiros comiam certas partes dos inimigos, comiam para transferir propriedades, valores simbólicos que almejavam, desejavam e projetavam na ingestão, em uma alimentação de captação da vitória, da luta, do ideário da conquista, do homem. Se o animal encarna o deus, o herói, o guerreiro, é esse animal que detém propriedades simbólicas dos personagens que representa. Comer determinados animais – o boi, por exemplo – é comer, além do que possui de nutritivo, a representação de poder. É incorporar também o poder, é comer o poder.

A preferência pela forma de churrasco reforça o valor ritual da própria carne em contato com o fogo, o calor, a fumaça – como dito antes, um ritual purificador. Convencionalmente, no caso brasileiro, o churrasco adquire identificação imediata com o sul do país, com a figura do gaúcho, ou ainda com outras áreas de criação de gado: Minas Gerais, São Paulo, Mato Grosso.

As reuniões em torno da carne consagram uma necessidade de convivência, de superar carências nutritivas, de expor poderes de diferentes significados, de concorrer com outros churrascos, sendo também a designação churrasco um substitutivo de festa.

Estar na beira-calçada em um sol tropical abrasador, vendo gorduras gotejantes, fumaças inebriadoras e sabores contestáveis, contudo com muita alegria, anima e faz com que as expressões de festa sejam generosamente presenciadas por todos. Há uma necessidade profundamente exibicionista, uma espécie de resposta social tentando convencer de que a festa é eterna.

MAFFÉ (CARIL DE AMENDOIM) [MALI]

INGREDIENTES

- 500 g de carne bovina para guisado
- 2 cebolas
- 2 dentes de alho
- 2 cenouras
- 1 pimentão vermelho
- 1 mandioca
- 2 batatas
- ½ copo de polpa de tomate
- 1 colher (sopa) de creme de amendoim
- Sal, pimenta-do-reino preta moída e azeite de oliva a gosto

MODO DE FAZER

Corte a carne em cubos e tempere com sal e pimenta. Descasque e pique as cebolas, os alhos, as cenouras, a mandioca e as batatas. Pique também o pimentão. Em uma panela, com um pouco de azeite, refogue a carne. Quando estiver selada em todos os lados, acrescente as cebolas e os dentes de alho. Assim que eles estiverem dourados, coloque a polpa de tomate e o creme de amendoim diluídos em um pouco de água. Acrescente mais água até quase cobrir a carne. Tampe a panela e deixe em fogo médio até a carne estar quase cozida. Coloque as cenouras, o pimentão, a mandioca e as batatas. Se necessário, acrescente mais sal e cozinhe por mais por mais 30 minutos em fogo baixo. Sirva acompanhado de arroz branco.

BOTCHADA (BUCHADA) [CABO VERDE]

 INGREDIENTES

- 1 bucho de cabrito ou "capado"
- 1 kg de sangue de porco coalhado (compra-se o sangue em pedaços nos açougues)
- 200 g de toucinho
- ½ colher (café) de cominho em pó
- 4 dentes de alho
- 1 a 2 folhas de louro desidratado
- 2 jindungos (pimentas frescas)
- Sal, vinagre, rodelas de limão e fubá de milho a gosto
- Óleo vegetal para fritar

 MODO DE FAZER

Lave o bucho com água, vinagre e rodelas de limão. Para o recheio, corte o sangue e o toucinho em cubos pequenos, descasque e amasse 2 dentes de alho e amasse as pimentas. Em uma tigela, coloque o sangue cortado e os pedaços de toucinho, o cominho, os 2 dentes de alho amassados, louro a gosto e as pimentas amassadas. Engrosse com o fubá, misture bem e acrescente sal. Coloque o recheio no bucho e costure com agulha e linha. Não encha demais. Reserve o bucho. Leve para ferver, em um caldeirão, água em quantidade suficiente para cobrir a botchada com sal, 2 dentes de alho descascados e mais louro. Só coloque a botchada no caldeirão quando a água ferver. Deixe cozinhar e espete com uma agulha para verificar se está cozida. Estará pronta quando não sair líquido. Corte em fatias e frite em óleo.

GALINHA À MODA DA ZAMBÉZIA [MOÇAMBIQUE]

INGREDIENTES

- 1 galinha
- 500 mL de leite de coco
- 3 colheres (sopa) de azeite de dendê
- Suco de 1 limão
- Sal e pimenta piripiri a gosto

MODO DE FAZER

Trate a galinha de modo que fique aberta ao meio para assar. Em uma tigela, misture o leite de coco e o azeite de dendê. Tempere a galinha com sal, pimenta piripiri e o suco de limão. Unte a galinha com a mistura de leite de coco e azeite e grelhe em churrasqueira. Sirva com arroz branco.

CALULU [SÃO TOMÉ E PRÍNCIPE]

 INGREDIENTES

- 1 galinha
- Sumo de 1 limão
- 1 cebola grande
- 1 porção de pau de pimenta (canela-branca)
- 3 a 4 ossamês (tipo de berinjela)
- 2 maquequês (tipo de tomate cor de laranja e consistência de berinjela)
- 4 a 5 quiabos
- 1 folha de louro desidratado
- 3 colheres (sopa) de azeite de dendê
- 2 a 3 jindungos (pimentas frescas) grandes
- 4 colheres (sopa) de farinha de trigo
- 1 raminho de folha de mosquito (erva aromática, como um manjericão)
- Sal a gosto

 MODO DE FAZER

Corte a galinha em pedaços e tempere com sal e o sumo de limão. Descasque e pique a cebola. Raspe o pau de pimenta e dê pancadinhas na ave com a faca. Descasque os ossamês e parta em bocados. Tire as sementes e dê também umas pancadinhas nos ossamês, para largar melhor o aroma. Tire a pele dos maquequês e corte em quatro. Corte os quiabos, quanto mais miudinho, melhor. Em uma panela, coloque todos os ingredientes e água até a metade da ave. Logo que a fervura começar, mexa com uma colher. Deixe ferver por cerca de 5 minutos com a panela tampada. Então coloque mais água, até cobrir tudo, e cozinhe em fogo baixo com a panela tampada até a galinha estar no ponto. Desfaça a farinha em um pouco de água fria e adicione à panela. Deixe ferver para engrossar o molho em lume brando. No fim, deite o raminho de mosquito. Sirva com arroz branco.

SÚMATE [ANGOLA]

INGREDIENTES

- 4 tomates grandes meio maduros
- 3 pimentões: 1 verde, 1 vermelho e 1 amarelo
- 1 cebola
- Sal, azeite de oliva e vinagre a gosto

MODO DE FAZER

Corte os tomates e os pimentões em cubinhos. Descasque a cebola e faça também pequenos cubos. Tempere com sal, azeite, vinagre e acrescente um pouco de água. O súmate é uma salada simples, consumido em Angola como acompanhamento de carne ou peixe, embora muitas vezes seja servido com pirão.

CALULU DE CARNE-SECA [ANGOLA]

 INGREDIENTES

- 1 kg de carne-seca
- 200 g de cebola
- 300 g de tomate
- 2 dinhungos (abobrinhas)
- 500 g de quiabo
- 3 dentes de alho
- 1 kg de folhas de batata-doce
- 2 copos de azeite de dendê

 MODO DE FAZER

Demolhe a carne-seca, mas sem deixar sair todo o sal. Descasque a cebola e corte em pedaços. Retire a pele dos tomates, tire as sementes e corte em pedaços. Descasque os dinhungos e corte em rodelas. Tire os pés dos quiabos e faça também rodelas. Em uma panela, leve a carne ao fogo com os dentes de alho e água (o suficiente para cobrir). Quando a carne estiver quase cozida, acrescente o tomate, a cebola, as abobrinhas, as folhas de batata-doce, o quiabo e o azeite de dendê. Deixe cozinhar até tudo estar no ponto. O calulu de carne-seca pode ser acompanhado de funge e feijão de azeite de dendê.

FUNGE DE RABO DE BOI [ANGOLA]

 INGREDIENTES

- 1 rabo de boi
- 200 g de cebola
- 200 g de tomate
- 200 g de quiabo
- 250 g de dinhungo (abobrinha)
- 500 g de gimboa (bredo)
- 2 colheres (sopa) de banha
- 2 colheres (sopa) de azeite de oliva
- Sal e jindungo (pimenta fresca) a gosto

 MODO DE FAZER

Trate e corte o rabo de boi em pedaços. Depois, cozinhe em uma panela com água (o suficiente para cobrir). Enquanto a carne cozinha, descasque e pique a cebola; retire a pele dos tomates e corte em pedacinhos; retire os pés dos quiabos e faça rodelas; descasque e corte o dinhungo; lave as folhas de gimboa. Refogue a cebola na banha e no azeite de oliva. Junte o tomate quando a cebola estiver transparente e acrescente o quiabo e o dinhungo. Por fim, adicione as folhas de gimboa e o rabo de boi. Regue com uma porção da água da cozedura do rabo de boi. Tempere com sal e pimenta e deixe apurar. Sirva acompanhado de funge de mandioca.

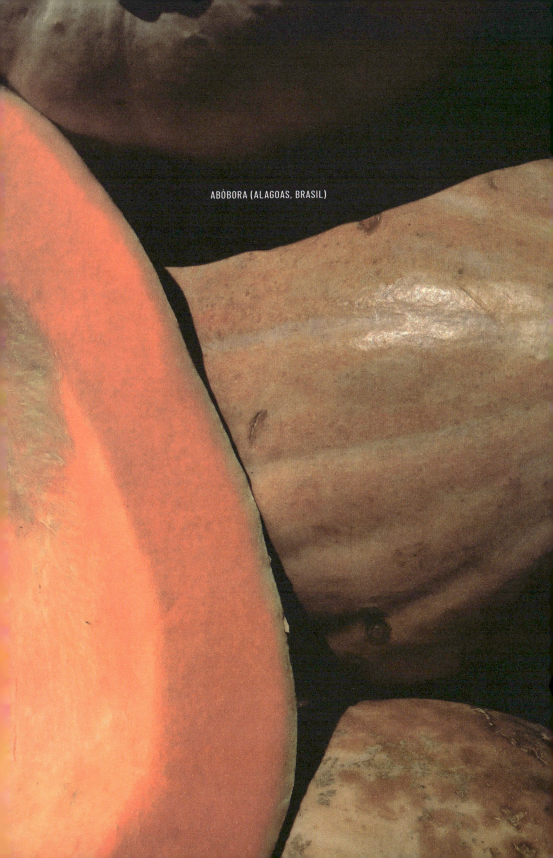
ABÓBORA (ALAGOAS, BRASIL)

GALINHA COM JINGUBA [ANGOLA]

 INGREDIENTES

- 1 galinha
- 2 dentes de alho
- Sumo de ½ limão
- 150 g de cebola
- 200 g de tomate
- 1 xícara (chá) de jinguba (amendoim) torrada e descascada
- Sal e jindungo (pimenta fresca) a gosto

 MODO DE FAZER

Trate a galinha e corte em bocados. Descasque e pise os alhos. Tempere a galinha com sal, o sumo de limão e o alho. Reserve. Descasque e pique a cebola. Retire a pele dos tomates e corte em pedaços. Pique o amendoim. Em uma tigela, misture o amendoim com água muito quente (em quantidade suficiente para cozinhar a galinha) e esmague muito bem, passando por entre os dedos de modo que saia todo o óleo. Coe e reserve o caldo obtido. Em uma panela, despeje o caldo do amendoim e junte a cebola, o tomate e a pimenta. Leve ao fogo. Coloque a galinha, tampe a panela e deixe cozinhar em fogo brando. Sirva com funge de mandioca ou com funge de milho.

GINGUINGA
(COZIDO DE MIÚDOS) [ANGOLA]

 INGREDIENTES

- 1 kg de vísceras de cabrito mais o sangue
- 4 colheres (sopa) de vinagre
- 400 g de cebola
- 400 g de tomate
- 1 colher (sopa) de azeite de oliva
- 1 colher (sopa) de fubá de mandioca
- Sal, sumo de limão e jindungo (pimenta fresca) a gosto

 MODO DE FAZER

Prepare as miudezas do cabrito, limpando-as muito bem com sal, sumo de limão e água corrente. Corte os rins, os pulmões, o coração e o fígado aos bocadinhos. Corte o estômago em tiras e enrole com elas as tripas, prendendo-as com um palito. Escalde em uma panela com água fervente. Depois, deixe repousar por 2 horas em água fria. Despeje as 4 colheres de vinagre no sangue do cabrito. Descasque e pique as cebolas. Retire a pele dos tomates e corte em pedaços. Cozinhe as vísceras em água temperada com sal. Em uma panela, refogue a cebola e o tomate no azeite de oliva. Junte as vísceras e um pouco de água. Tempere com sal e pimenta e deixe cozinhar. À parte, dissolva o fubá de mandioca em um pouco de água e incorpore no sangue do cabrito. Acrescente à panela e deixe engrossar o molho. Sirva com funge de mandioca ou com folhas de aboboreira cozidas.

FEIJÃO-FRADINHO (PERNAMBUCO, BRASIL)

MUAMBA DE GALINHA [ANGOLA]

INGREDIENTES

- 1 galinha
- 200 g de tomate
- 200 g de cebola
- 4 dentes de alho
- 250 g de dinhungo (abobrinha)
- 500 g de quiabo
- ½ limão
- 2 copos de azeite de dendê
- Sal e jindungo (pimenta fresca) a gosto

MODO DE FAZER

Retire a pele dos tomates e corte em pedaços. Descasque e pique a cebola. Descasque e pise os alhos. Descasque a abobrinha e corte em pedaços. Lave e tire os pés dos quiabos. Trate a galinha e tempere com o alho, além de sal e pimenta. Coloque a galinha temperada em uma panela e junte o tomate, a cebola e a abobrinha. Adicione o azeite de dendê e leve ao fogo. Quando a galinha estiver quase cozida, acrescente o quiabo. Sirva com feijão de azeite de dendê e funge.

CONGO COM GALINHA [ANGOLA]

 INGREDIENTES

- 1 ½ kg de feijão-congo (feijão-fradinho)
- 4 cebolas grandes
- 2 colheres (sopa) de azeite de oliva
- 1 galinha
- 2 chouriços de carne
- 250 g de batata
- 250 g de batata-doce
- 250 g de mandioca
- 250 g de abóbora
- 250 g de cenoura
- 2 dentes de alho
- 1 tomate grande
- 1 colher (sopa) de extrato de tomate
- 1 folha de louro desidratado
- Sal e jindungo (pimenta fresca) a gosto

 MODO DE FAZER

Demolhe o congo de um dia para o outro. No dia seguinte, escorra a água do molho, descasque as cebolas e coloque o feijão em uma panela com água temperada com sal, 1 colher de azeite e 2 cebolas. Leve para cozinhar. Corte a galinha em pedaços e tempere com sal e pimenta. Faça rodelas com os chouriços. Descasque, corte em cubinhos e pré-cozinhe a batata, a batata-doce, a mandioca e a abóbora. Descasque a cenoura, corte em rodelas e também pré-cozinhe. Corte as cebolas restantes em anéis. Descasque e pique os alhos. Pique o tomate com as sementes. Em uma panela, refogue em 1 colher de azeite os anéis de cebola, o alho, o tomate, o extrato de tomate e o louro, até que dourem. Acrescente a galinha e os chouriços, deixando refogar muito bem. Se necessário, acrescente um pouco de água, para que fique com algum molho. Acrescente o congo cozido e escorrido e adicione também a batata, a batata-doce, a mandioca, a abóbora e a cenoura pré-cozidas e cozinhe mais um pouco até apurar.

KYINKYINGA
(ESPETO DE CARNE) [GANA]

INGREDIENTES

- 1 kg de carne de carneiro ou de vaca
- 125 g de jinguba (amendoim) torrada, descascada e moída
- 2 colheres (chá) de pimenta-do-reino preta moída
- 1 colher (sopa) de masala
- 2 colheres (sopa) de óleo de amendoim
- Sal a gosto

MODO DE FAZER

Corte a carne em pedaços regulares, preferencialmente, em cubos. Em uma tigela, misture o amendoim, a pimenta e a masala, além de sal, e despeje a mistura em um tabuleiro. Coloque as fatias de carne no espeto e passe o espeto no *mix* de temperos no tabuleiro, de forma que todos os lados fiquem completamente cobertos. Regue a carne com o óleo e grelhe lentamente por 40 minutos ou asse em churrasqueira.

HARIRA (SOPA DE GRÃO-DE-BICO, CARNE E LENTILHA VERMELHA) [MARROCOS]

 INGREDIENTES

- 115 g de grão-de-bico
- 225 g de carne de carneiro magra
- 1 cebola
- 400 g de tomate
- 1 pimentão vermelho
- 1 ramo de coentro fresco
- 2 colheres (sopa) de azeite de oliva
- 1 ½ L de água
- 115 g de lentilha vermelha
- 1 colher (sopa) de extrato de tomate
- 1 colher (chá) de canela em pó
- 50 g de aletria
- Sal e pimenta-do-reino preta moída a gosto
- Gomos de limão para servir

 MODO DE FAZER

Demolhe o grãos-de-bico na véspera (o ideal são 12 horas). Corte a carne em cubos. Descasque e pique a cebola. Retire a pele dos tomates, tire as sementes e pique. Retire as sementes do pimentão e pique. Pique também o coentro. Em uma frigideira grande, frite a carne no azeite até ficar ligeiramente acastanhada. Adicione a cebola e cozinhe em fogo brando até ficar macia. Em uma panela, coloque o grão-de-bico e a água, e leve ao fogo até ferver. Então, tampe a panela e deixe cozinhar em fogo baixo até que o grão-de-bico esteja quase macio. Acrescente a lentilha, o tomate, o extrato de tomate, a canela e o pimentão e deixe cozinhar mais 15 minutos. Adicione a aletria. Deixe levantar fervura e cozinhe durante mais 15 minutos até que as lentilhas e a aletria fiquem tenras. Acrescente o coentro e tempere com sal e pimenta. Sirva com os quartos de limão.

DJEB BIL EINAB (GALINHA COM UVA) [MARROCOS]

INGREDIENTES

- 3,75 cm de gengibre fresco
- 1 colher (chá) de canela em pó
- 4 sobrecoxas de galinha
- 2 colheres (sopa) de manteiga sem sal
- 1 colher (sopa) de azeite de oliva
- 225 g de uva verde

MODO DE FAZER

Passe o gengibre pelo espremedor de alho, para extrair o suco e, em seguida, misture à canela. Esfregue as sobrecoxas nessa mistura e guarde em um lugar fresco durante 2 horas. Tire as sementes e parta as uvas ao meio. Em uma panela, aqueça a manteiga e o azeite e refogue as sobrecoxas até ficarem todas douradas. Adicione a uva, tampe e deixe cozinhar em fogo brando, virando-as de vez em quando até que estejam cozidas.

KEBAB
(CARNE GRELHADA) [ARGÉLIA]

 INGREDIENTES

- 675 g de carne de carneiro magra
- Salsa fresca a gosto
- Gomos de 2 limões para servir

 INGREDIENTES *PARA A MARINADA*

- 4 colheres (sopa) de azeite de oliva
- 1 colher (sopa) de sumo de limão
- 1 cebola ralada
- 1 dente de alho
- 1 ½ colher (chá) de cominho em pó
- 1 ½ colher (chá) de pimenta caiena em pó
- 2 colheres (sopa) de salsa fresca
- Sal e pimenta-do-reino preta moída a gosto

 MODO DE FAZER

Corte a carne em cubos. Descasque a cebola e o alho. Rale a cebola e pique o alho. Pique também a salsa. Misture todos os ingredientes da marinada. Coloque a carne em espetos e acomode esses espetos em um prato raso de louça. Despeje a marinada e deixe a carne absorver o tempero por pelo menos 2 horas em um lugar fresco, virando os espetos ocasionalmente. Preaqueça a churrasqueira. Grelhe os kebabs, virando-os de vez em quando por 4 a 7 minutos. Sirva polvilhados de salsa e acompanhados dos gomos de limão.

ARROZ JOLLOF [NIGÉRIA]

 INGREDIENTES

- 1 xícara (chá) de carne de vaca já guisada
- 1 xícara (chá) do caldo da preparação da carne
- 1½ xícara (chá) de arroz
- 1 cebola grande
- 1 pimenta-malagueta
- 2 colheres (sopa) de azeite de dendê
- 2 colheres (chá) de extrato de tomate

 MODO DE FAZER

Cozinhe o arroz, mas não demais, e reserve. Descasque a cebola e pique finamente. Retire as sementes da pimenta e pique. Em uma frigideira, refogue a cebola no azeite de dendê até que fique transparente. Adicione o extrato de tomate e a pimenta. Cozinhe em fogo médio por cerca de 2 minutos, sempre mexendo. Acrescente o arroz e continue mexendo. Adicione a carne e o caldo de carne e deixe cozinhar até que todo o líquido evapore.

DJEJ MAHAMMER (GALINHA COM MOLHO PERFUMADO) [MARROCOS]

INGREDIENTES

- 2 ½ kg de galinha ou de sobrecoxa
- 2 cebolas grandes
- 2 dentes de alho
- 1 pitada de filamentos de açafrão
- 1 colher (chá) de cominho em pó
- ½ colher (chá) de gengibre em pó
- ½ colher (chá) de pimenta-do-reino preta moída
- 115 mL de azeite de oliva
- 100 g de manteiga sem sal
- Sal a gosto

MODO DE FAZER

Se estiver usando a galinha inteira, trate e corte em pedaços. Descasque e pique finamente as cebolas e os dentes de alho. Pise os filamentos de açafrão. Ponha a galinha em uma panela grande com água até a metade dela e com todos os outros ingredientes, exceto o azeite e a manteiga. Tampe, deixe levantar fervura, retire a espuma da superfície e cozinhe em fogo brando durante 1 hora ou 1 hora e meia, virando a galinha de vez em quando e, acrescentando um pouco de água quente, se necessário. Retire a galinha da panela e escorra o líquido do interior da ave. Caso esteja fazendo a galinha inteira, use um tabuleiro e leve a galinha ao forno para dourá-la com a manteiga e o azeite. Caso esteja utilizando as sobrecoxas, aqueça o azeite e a manteiga em uma frigideira larga, coloque as sobrecoxas e salteie até que fiquem douradas. Reduza o líquido da panela em que foi feito o cozimento, fervendo até ficar um molho espesso. Sirva a galinha com esse molho.

DJEJ BIL BARGOUG WA ASSEL (GALINHA COM AMEIXA, MEL E CANELA) [MARROCOS]

INGREDIENTES

- 4 sobrecoxas de galinha
- 3 tomates
- 1 pitada de filamentos de açafrão
- 2 colheres (sopa) de azeite de oliva
- 1 pedacinho de pau de canela
- 425 mL de caldo de galinha
- 115 g de ameixa seca
- 1 colher (sopa) de mel
- 1 colher (sopa) de gengibre fresco ralado
- 50 g de passa
- 150 mL de água
- Gergelim para guarnecer
- Sal e pimenta-do-reino preta moída a gosto

MODO DE FAZER

Retire a pele dos tomates e pique. Pise os filamentos de açafrão. Em uma panela, aqueça o azeite e toste as sobrecoxas. Junte a canela, o tomate e o caldo de galinha e tempere com sal e pimenta. Ponha para levantar fervura e, então, tampe e deixe cozinhar suavemente em fogo brando (destampe perto do final do processo). Retire a galinha e reserve. Perto do fim do cozimento da galinha, em outra panela cozinhe a ameixa e as passas com o mel, o gengibre e o açafrão em 150 mL de água, durante 15 minutos, até ficarem macias. Ferva o caldo que se formou na panela do cozimento da galinha até que se reduza a 150 mL aproximadamente. Adicione as ameixas e as passas nesse caldo e deixe por mais ou menos 1 minuto. Em um prato de servir, coloque a galinha e despeje o molho. Guarneça com o gergelim tostado.

SIKBADS (CARNEIRO COM DAMASCO À MARROQUINA) [MARROCOS]

INGREDIENTES

- 675 g de carne de carneiro magra
- 2 dentes de alho
- 5 colheres (sopa) de sumo de laranja
- 4 colheres (sopa) de azeite de oliva
- 1 colher (sopa) de coentro fresco
- 1 colher (sopa) de hortelã fresca
- 1 colher (sopa) de cominho em pó
- 1 pitada de noz-moscada fresca ralada
- 1 cebola
- 150 g de damasco seco
- 50 g de tâmara seca
- 500 mL de caldo de carne
- 2 colheres (sopa) de gergelim para guarnecer
- Sal e pimenta-do-reino preta moída a gosto

MODO DE FAZER

Corte a carne em cubos. Descasque e pise os alhos. Pique também o coentro e a hortelã. Em um prato grande, não metálico, para evitar oxidação, misture o carneiro com o alho, o sumo de laranja, 2 colheres de azeite, as ervas e as especiarias. Cubra e deixe de um dia para o outro no refrigerador, mexendo de vez em quando. O damasco também deve ser demolhado na véspera. No outro dia, descasque a cebola e faça rodelas finas. Pique a tâmara grosseiramente. Aqueça o azeite restante em uma caçarola, junte a cebola e refogue, suavemente, durante 5 minutos. Retire a cebola e reserve. Escorra o carneiro e reserve a marinada. Rapidamente, salteie a carne na caçarola. Acrescente a marinada, os damascos junto com o líquido em que estiveram de molho, as tâmaras, o caldo de carne e a cebola, além de sal e pimenta. Leve ao fogo. Quando abrir fervura, tampe a caçarola e deixe cozinhar em fogo brando até a carne ficar muito tenra. Destampe perto do fim do processo para que parte do líquido evapore e o molho fique mais espesso. Sirva a carne em um prato, polvilhando de gergelim tostado.

AGNEAU AU FOUR (CARNEIRO ASSADO COM AÇAFRÃO) [TUNÍSIA]

 INGREDIENTES

- 1 kg de batata-inglesa
- 1 pitada de filamentos de açafrão
- ¼ de perna de carneiro
- 100 mL de azeite de oliva
- Sumo de 1 limão
- Sal e pimenta-do-reino preta moída a gosto

 MODO DE FAZER

Corte a carne. Descasque as batatas e corte em quartos. Coloque as batatas em uma tigela com o açafrão e cubra com água e sal. Deixe por 30 minutos. Preaqueça o forno a 180°. Escorra a água da batata, deixando 300 mL do líquido reservados. Arrume as batatas e o carneiro em uma assadeira, regue com o azeite e o sumo de limão e tempere a gosto com sal e pimenta. Despeje também a água com o açafrão, cubra e asse durante 1h30 ou até que o carneiro esteja tenro.

MTORI
(SOPA DE BANANA-DA-TERRA) [CONGO]

 INGREDIENTES

- 500 g de carne bovina magra
- 2 ossos de carne bovina grandes (para sopa)
- 1 ½ L de água fria
- 1 tomate grande maduro
- 5 cebolas médias
- Óleo vegetal a gosto
- 5 bananas-da-terra quase maduras
- 1 colher (chá) de manteiga sem sal
- Sal e pimenta-malagueta fresca a gosto

 MODO DE FAZER

Corte a carne em cubos. Em uma panela grande, ponha a carne e os ossos com água suficiente para cobrir e leve ao fogo alto. Quando abrir fervura, abaixe o fogo e deixe cozinhar por 1h30 para fazer um bom caldo. Retire a pele do tomate e pique. Descasque as cebolas e pique finamente. Esfregue um pouco de óleo nas mãos para prevenir manchas causadas pela banana quando for descascá-las. Corte as bananas descascadas em tiras. Escorra o caldo em uma panela e acrescente as bananas, as cebolas e o tomate, além de sal e a pimenta. Leve novamente para cozinhar em fogo baixo até que todos os ingredientes fiquem macios. Com uma batedeira ou mixer, faça a sopa cremosa. Para finalizar, acrescente os cubos de carne e a manteiga e reaqueça sem deixar ferver.

MOLOHIA (ESPINAFRE) [EGITO]

 INGREDIENTES

- 500 g de folha de caruru-da-bahia, de espinafre ou de bredo
- 1 kg de carne de vaca ou de galinha
- 2 cebolas
- 500 mL de água
- 2 colheres (sopa) de manteiga sem sal
- 10 dentes de alho
- 2 colheres (sopa) de coentro em pó
- 250 g de arroz cozido
- 1 colher (sopa) de vinagre misturado com 1 colher (sopa) de água
- Sal e pimenta-do-reino preta moída a gosto
- Pão pita cortado em triângulos para servir como acompanhamento

 MODO DE FAZER

Lave as folhas escolhidas (elas serão usadas inteiras) e reserve. Corte a carne em cubos, deixando a gordura. Descasque as cebolas. Corte uma delas em cubos e faça rodelas com a outra. Descasque os dentes de alho e amasse. Em uma panela, coloque a carne e a cebola em cubos, além de sal e pimenta, com 500 mL de água. Cozinhe em fogo baixo até que a carne fique macia. Retire a carne do caldo e reserve. Adicione as folhas no caldo e cozinhe por cerca de 5 minutos. Em uma frigideira, coloque a manteiga e frite o alho e o coentro rapidamente (cerca de 1 minuto), sem deixar queimar. Despeje essa mistura na panela do caldo com as folhas enquanto ainda estiver quente. Misture as rodelas de cebola ao vinagre. Sirva a sopa quente acompanhada da carne, do arroz, da cebola no vinagre e do pão pita quente.

SENDO AS ÁGUAS A MATRIZ UNIVERSAL,
NA QUAL SUBSISTEM TODAS AS VIRTUALIDADES
E PROSPERAM TODOS OS GÉRMENES,
É FÁCIL COMPREENDER OS MITOS E AS LENDAS
QUE FAZEM DERIVAR DELAS O GÊNERO HUMANO
OU UMA RAÇA PARTICULAR.

———————

MIRCEA ELIADE,
TRATADO DE HISTÓRIA DAS RELIGIÕES

COMIDAS AFRICANAS DAS ÁGUAS

Água, fonte de todas as coisas e de toda existência. As águas reúnem as forças criadoras e representam a essencialidade do início. Fazem as relações entre a vida e a morte. Em todos os ritos nos quais a água está presente, batismo, imersão, há transformação e renovação, porque ela é o elemento primordial.

Água do mar, água do rio, água da chuva; orvalho. Tantas são as expressões desse elemento que integra e compõe a mais profunda relação do homem com o divino. E nesse cenário mítico e ancestral é agregado tudo o que vive nas águas – animais, plantas, seres fantásticos.

PEIXE GRELHADO (MARROCOS)

Dessa maneira, o peixe representa a água em uma ampla iconografia mitológica, além de ser um alimento que une o homem às águas. E, quando o homem come as águas, ele ingere todos os seus valores simbólicos.

Entre os muitos personagens que fazem parte desse amplo espaço mítico, surge a sereia. As primeiras imagens sobre esse ser fantástico chegam a partir de um amplo imaginário popular que mostra um personagem meio mulher, meio peixe. Contudo, na trajetória mítica da sereia há representações que a relacionam também a outros animais. Ela é representada, por exemplo, com asas de pássaro, rosto feminino, às vezes com barba, com garra de leão, com cabelos compridos.

Esse hibridismo fortalece a polaridade, o dualismo, os temas sagrados. E, dessa fusão entre dois entes biológicos, animal e humano, nasce uma força sobrenatural. As sereias não perseguem os homens, mas os homens devem temê-las quando estão nos seus territórios.

A palavra Yam, que significa "mar" em hebraico, dá origem à palavra Miriam. As sereias também eram conhecidas como Marian – e, daí, Maria, no entendimento de mãe, quando é chamada e conhecida especialmente no seu papel de Stella Maris – estrela-do-mar.

Sem dúvida, há uma profunda conexão histórica e cultural com o ideal feminino e o da maternidade que estão associados a Maria como uma mãe mítica, mãe das águas. Chegam, então, as interpretações e os ajustes religiosos para construir uma tipologia feminina e cristã para o que se entende hoje por Maria. Maria, mãe de Jesus.

Outras características das sereias clássicas foram ampliadas na estética e nas lendas mediterrâneas. Há aquelas que fazem parte das histórias da Idade Média e no Renascimento, com a beleza clássica oriunda do ideal grego. Há tantas outras concepções sobre sereias: nórdicas, asiáticas e do continente africano – especialmente de Angola, com as sereias negras, Kianda e Kiximbe.

As sereias ainda são mostradas como instrumentistas, e as muitas formas visuais desses seres das águas tocam alaúdes, trompas, gaitas, violas, sons que se associam aos seus cantos de sedução e morte. Esses instrumentos eram proscritos na música sacra da Igreja, o que amplia o entendimento das sereias e de suas músicas no âmbito sexual e da fertilidade.

Os personagens míticos aquáticos têm uma vocação profética de fazer a interação entre o homem e o mistério, pois nas águas estão as mais notáveis representações do que é desconhecido e temido e, ao mesmo tempo, desejado e necessário à vida.

A busca permanente pela água, água para viver, bem cada vez mais valorizado em decorrência da transformação do planeta. A água no século XXI é compreendida como um patrimônio que reflete o próprio sentido da vida sustentável na Terra.

Os conhecimentos tradicionais de homens e de mulheres que vivem economicamente das águas e nelas realizam os seus ofícios estão sendo protegidos e revistos para que essa relação não se esgote. Técnicas de pescar, de mariscar estão integradas também aos mitos e às histórias das águas, pois são regidas por comportamentos que indicam a escolha dos peixes, dos crustáceos, das algas e de tudo aquilo que pode ser levado para as feiras, os mercados, as casas, as festas e os rituais religiosos.

O ato imemorial de pescar, de se lançar às águas na busca por alimento, mostra que cada território tem identidade singular, formas míticas para viver as múltiplas relações do homem com a água. A pescaria segue técnica e estilo especiais para cada região. Por exemplo, na Bahia, destaque para o trabalho coletivo da pesca de arrasto, que usa grandes redes para a pesca do xaréu, um ofício masculino. A técnica, afrodescendente, faz a rede ser puxada em movimentos ritmados, praticamente coreografados, que seguem uma base rítmica formada por atabaques marcando as ações simultâneas de vários pescadores.

Diz-se que tudo vem do mar e retorna para ele. O movimento do mar atesta o que é transitório, efêmero, e a relação entre vida e morte, mito e homem, alimento e fome.

Na Bahia, conta-se como o mar é um lugar de celebração, de festas, de possibilitar encontros com os deuses.

Dona Maria, princesa do Aioká, Dandalunda, Sereia do Mar, Mãe Dandá, Inaê, Iemanjá são os nomes que representam uma mesma fé popular, fé que comove pescadores, barqueiros e outros profissionais que vivem do mar. Todas essas interpretações da mãe-d'água têm como referência o mito da criação dos orixás a partir de uma lenda que relata o mito de Iemanjá, a mãe-peixe.

Iemanjá é perseguida e tomada sexualmente por Orungã, seu próprio filho, que é o ar e as alturas. E então, a partir desse ato, Iemanjá se transforma: o seu ventre cresce muito, e dele nascem todos os orixás; seus seios, que também crescem muito, transformam-se em dois rios, e tudo isso passa a representar fertilidade nesses nascimentos dos deuses e das águas.

Essa forte marca africana no mar da Bahia está também na comida que integra a maioria dos balaios que são ritualisticamente levados às águas nos barcos e com pessoas sempre cantando em língua ioruba ou em quimbundo.

Milho branco cozido e temperado com dendê e camarão é o abadô, que se torna mais sagrado quando é complementado com obi, fruto africano que consiste em um alimento tradicional da África ocidental e que para os afrodescendentes no Brasil carrega muitos significados: desde um energético até uma forma de contato entre o homem e o divino.

Todas as águas com seus deuses. Águas doces dos rios; águas que mostram o sagrado e a vida. A melhor forma de trazer os mitos dessa água doce é trazer Oxum, que mostra fartura, maternidade, sensualidade feminina. É a segunda mulher de Xangô, e algumas lendas dizem que também foi mulher de Oxalá.

As festas para Oxum-ibo, na África, são marcadas pelas comidas à base de inhame, e são realizadas danças diante do rio, que é considerado o próprio orixá.

Pode-se dizer que o mito vai à mesa, pois os sabores e as características dos produtos das águas têm histórias e significados especiais. São os alimentos que chegam do mar, dos rios, das lagoas, sempre reveladores de uma rica diversidade. Anchova, badejo, camarões marinhos, camarões carídeos, bagre, baiacu, pargo, prejereva, robalo, lagosta, caranguejo-de-porcelana, ermitões, tatuí, bicuda, bonito, carapau, caratinga, cavala, caranguejo verdadeiro, camarão-de-estalo, aratu, espada, galo, dourado, cioba, cavala, marinheiro, siri-azul, uçá, garoupa, linguado, marabá, tainha, xaréu, miraguaia, sororoca, guaiamum, parati, pampo, olho de cão, olhete, lambreta, ostra, berbigão, xangó, lapas, cação, pititinga, sardinha, chumbinho, mexilhão, sururu, vermelho.

Esses ingredientes compõem uma diversidade de receitas: ipeté, moqueca de bacalhau, bacalhau a martelo, moqueca de siri-mole, peixe frito, vatapá, caruru, efó, moqueca de camarão, bobó, arroz de hauçá, abará, frigideira de bacalhau, moqueca de miraguaia, curumatã salgada ensopada, escaldado de surubim, bolinho de peixe, moqueca de folha, pititinga assada, arroz de marisco, bacalhau à baiana, casquinho de siri, feijão de azeite, moqueca de arraia, moqueca de peixe, moqueca de siri catado, moqueca de sururu, peixe ao leite de coco, moqueca de peixe fresco, moqueca de xaréu, bacalhau ao coco, omolocum, latipá ou amori, frigideira de camarões, arroz de camarão, bacalhau assado, bolinho de bacalhau feito no forno, ensopado de bacalhau, ensopado de camarão e de ostras, escaldado de caranguejo, escaldado de peixe, frigideira de siri, de caranguejo e de ostra, moqueca de bacalhau, moqueca de peixe salgado, moqueca de camarão e de ostra, moqueca de peixe em postas, moqueca de peixes pequenos, peixe assado no forno.

Cada ingrediente tem um significado que vai muito além dos seus valores nutricionais. Tudo é importante na comida, principalmente as regras e os princípios morais e religiosos da alimentação. Os ingredientes não vão só à boca; vão para a memória, a tradição, a cultura; e, então, chegam às cozinhas. E, quando chegam das águas, do mar ou do rio, trazem todas as histórias de mitos, deuses e reinos.

BATATA-DOCE (RIO DE JANEIRO, BRASIL)

MAFEFEDE (CALDO DE PEIXE) [GUINÉ-BISSAU]

 INGREDIENTES

- 2 peixes secos (tainhas)
- 1 cebola grande
- 2 a 3 jindungos (pimentas frescas)
- Óleo de amendoim a gosto
- 5 xícaras (chá) de água
- 1 xícara (chá) de arroz

 MODO DE FAZER

Coloque as tainhas de molho na véspera. No dia seguinte, corte as tainhas em postas. Descasque a cebola e corte em rodelas. Desfaça as pimentas e, em uma frigideira, refogue em óleo com as rodelas de cebola. Quando a cebola estiver dourada, despeje a água. Logo que levantar fervura, acrescente o arroz e deixe cozinhar em fogo baixo. Quando o arroz estiver quase no ponto, acrescente as postas de peixe e finalize o cozimento. O peixe seco já tem o sal suficiente para o prato. Deve ficar como um arroz caldoso.

COZIDO DE PEIXE SECO [CABO VERDE]

 INGREDIENTES

- 1 peixe seco (tainha)
- 6 bananas verdes
- 1 kg de batata-doce
- 1 kg de mandioca
- 1 cebola
- 1 dente de alho
- 1 ramo de salsa fresca
- 1 a 2 folhas de louro desidratado
- Azeite de malagueta a gosto

MODO DE FAZER

Coloque o peixe de molho na véspera. No dia seguinte, descasque as bananas, as batatas-doces e as mandiocas, cozinhe em água e reserve. Descasque a cebola e o alho. Em uma panela, cozinhe o peixe com a cebola, o alho, a salsa e o louro, em água o suficiente para cobrir. Depois de cozido, arrume o peixe em uma travessa de serviço com as bananas verdes, as batatas-doces e as mandiocas cozidas. O peixe seco já tem o sal suficiente para o prato. Finalize com azeite de malagueta.

VATAPÁ DE FOLHA DE ABÓBORA [MOÇAMBIQUE]

INGREDIENTES

- 750 g de camarão
- 1 cebola
- 2 tomates maduros
- 750 g de folhas de abóbora ou de espinafre
- 200 g de jinguba (amendoim) torrada, descascada e moída
- 200 mL de leite de coco
- Sal, jindungo (pimenta fresca) e óleo vegetal a gosto

MODO DE FAZER

Tire a casca dos camarões, limpe e cozinhe em um pouco de água. Descasque a cebola e pique. Despele os tomates, retire as sementes e pique também. Lave e corte as folhas em tiras não muito finas. Em uma panela, cozinhe as folhas em um pouco de água e sal. Escorra a água e reserve as folhas. Pise o amendoim e o desfaça em um pouco de água. Em outra panela, refogue a cebola em óleo até que fique dourada e junte os tomates. Cozinhe até os tomates se desfazerem. Acrescente as folhas, os camarões, o leite de coco e o amendoim. Tempere com sal e pimenta. Quando ferver, estará pronto. Pode ser acompanhado de arroz branco.

MUFETE
(PEIXE NA BRASA) [ANGOLA]

INGREDIENTES

- 4 sardinhas grandes
- 3 dentes de alho
- 3 jindungos (pimentas frescas)
- 2 cebolas grandes
- 300 g de farinha de mandioca torrada
- Sal, azeite de oliva e vinagre a gosto

MODO DE FAZER

Limpe o peixe. Descasque os dentes de alho. Pique finamente as pimentas. Em um almofariz, pise o alho com uma parte das pimentas e sal. Acrescente um pouco de vinagre. Tempere o peixe com essa mistura, cubra e leve ao refrigerador, deixando marinar por 2 duas horas. Descasque a cebola e pique finamente. Em uma tigela, misture a cebola e mais pimenta, sal, azeite, vinagre e um pouco de água. Grelhe as sardinhas e sirva ainda quente em uma travessa. Sirva também a farinha de mandioca e o molho de cebola em tigelas separadas.

MUZONGUÉ
(CALDO DE PEIXE E DENDÊ) [ANGOLA]

INGREDIENTES

- 1 posta de peixe salgado
- 2 postas grandes de peixe fresco (pungo, corvina)
- 2 cebolas grandes
- 2 tomates maduros
- 3 batatas-doces
- 4 jindungos (pimentas frescas)
- ½ xícara (chá) de azeite de dendê
- 1 cabeça de peixe
- Sal a gosto

MODO DE FAZER

Deixe a posta de peixe salgado em molho por 2 horas. Descasque as cebolas e corte em rodelas. Despele os tomates, retire as sementes e pique. Descasque as batatas-doces e corte em cubos. Pise as pimentas. Em uma panela, leve ao fogo água suficiente para a quantidade de peixe, o azeite de dendê, a cebola, o tomate, a batata-doce, a cabeça de peixe e a pimenta, além de sal. Deixe cozinhar até que as batatas-doces estejam quase cozidas. Então, acrescente as postas de peixe fresco e a posta de peixe salgado. Sirva quando o peixe estiver cozido. Pode ser acompanhado de mandioca cozida.

PIMENTA FRESCA (PERNAMBUCO, BRASIL)

CALULU DE PEIXE [ANGOLA]

INGREDIENTES

- 500 g de peixe seco
- 1 kg de peixe fresco (pungo, corvina)
- 2 dentes de alho
- Sumo de ½ limão
- 1 cebola
- 2 tomates
- 250 g de dinhungo (abobrinha)
- 100 g de mandioca
- 250 g de quiabo
- 500 g de folhas de batata-doce ou de espinafre
- ½ copo de azeite de dendê
- Sal a gosto

MODO DE FAZER

Coloque o peixe seco de molho, mas sem deixar sair todo o sal. Corte o peixe fresco em postas. Descasque os dentes de alho e amasse. Tempere o peixe fresco com o alho e o sumo de limão, além de sal. Descasque a cebola e faça rodelas. Despele os tomates, retire as sementes e corte em rodelas. Descasque também o dinhungo e a mandioca, cortando em rodelas. Retire os pés dos quiabos e corte em rodelas. Em uma panela, intercale um pouco do peixe seco, um pouco de peixe fresco, cebola, tomate, quiabo, folhas de batata-doce ou de espinafre, mandioca e dinhungo, até que acabem os ingredientes. Acrescente o azeite de dendê e leve para cozinhar em fogo médio, sem tampar, até estar tudo bem cozido. Sirva com feijão de azeite de dendê e funge.

MUAMBA DE PEIXE [ANGOLA]

INGREDIENTES

- 1 ½ kg de peixe fresco (corvina, garoupa, pargo, pescada)
- 3 cebolas
- 3 dentes de alho
- 2 berinjelas
- 1 ½ kg de dinhungo (abobrinha)
- 250 g de quiabo
- Sal e jindungo (pimenta fresca) a gosto
- 200 mL de azeite de dendê
- ½ xícara (chá) de muamba de dendém[1]

MODO DE FAZER

Trate o peixe e corte em postas. Tempere com sal e reserve. Descasque e pique a cebola e o alho. Descasque e corte em rodelas as berinjelas, coloque as rodelas sobre um escorredor e tempere com sal. Após 10 minutos, passe água e seque com um papel absorvente. Descasque e corte em cubos a abobrinha. Tire os pés dos quiabo e corte em rodelas. Em uma panela, refogue em fogo baixo a cebola e o alho no azeite de dendê. Acrescente as berinjelas, a abobrinha, o quiabo e a muamba e deixe cozinhar um pouco em fogo médio. Coloque um pouco de água. Adicione o peixe. Corrija o sal, se necessário, e adicione a pimenta. Deixe o peixe cozinhar por 10 minutos, acrescentando água apenas se for preciso.[2] Sirva com funge.

---

[1] A muamba de dendém é feita da seguinte maneira: cozinhe 15 dendéns em 1 L de água, retire-os e reserve a água. Esmague os dendéns para separar os caroços, junte mais 1 L de água (agora morna), esprema bem os dendéns e coe. Junte essa água coada com a do cozimento dos dendéns. Ao final, você fica com cerca de 2 L de água.

[2] Pode-se adicionar uma colherzinha de farinha de mandioca bem fina para encorpar o molho.

KIXILUANDA
(PIRÃO E PEIXE) [ANGOLA]

 INGREDIENTES

- 300 g de sobra de peixe cozido, assado ou frito
- 200 g de cebola
- 300 g de tomate
- 3 colheres (sopa) bem cheias de azeite de dendê
- 1 ramo de salsa fresca
- 75 g de farinha de mandioca
- Sal e jindungo (pimenta fresca) a gosto

 MODO DE FAZER

Tire as espinhas do peixe e parta-o em pedaços. Descasque e pique a cebola em cubinhos. Despele o tomate, retire as sementes e corte também em cubinhos. Em uma panela, junte a cebola, o tomate, o azeite de dendê e o ramo de salsa, além de sal e pimenta, em 1 L de água. Leve ao fogo e deixe ferver até que a cebola esteja cozida. Coloque o peixe e deixe cozinhar. Então, adicione a farinha aos poucos, mexendo sempre, até que o pirão esteja cozido.

HUT BENOUA
(PEIXE ASSADO COM
CROSTA DE AMÊNDOA) [MARROCOS]

INGREDIENTES

- 225 g de miolo de amêndoa tostado e moído
- 65 g de açúcar
- 1 colher (sopa) de água de flor de laranjeira
- 1 colher (sopa) de canela em pó
- 100 mL de água
- 50 g de manteiga sem sal em temperatura ambiente
- Sal e pimenta-do-reino preta moída a gosto
- 1 perca ou sargo, pesando cerca de 1,75 kg, inteiro e limpo
- 1 cebola
- 1 pitada de filamentos de açafrão

MODO DE FAZER

Preaqueça o forno a 190°. Coloque a amêndoa, o açúcar, a água de flor de laranjeira, a canela, 3 colheres (sopa) de água e metade da manteiga, além de sal e pimenta, em uma tigela, misturando até obter uma pasta. Tempere o peixe por dentro e por fora com sal e pimenta e, em seguida, encha-o com metade da pasta de amêndoa. Descasque e pique a cebola. Pise o açafrão. Em uma assadeira, misture a cebola, o açafrão e o restante da água. Acomode o peixe sobre essa mistura e espalhe por cima o restante da pasta de amêndoa. Derreta a manteiga que sobrou e deixe pingar sobre a pasta de amêndoa. Asse por 45 minutos, até que o peixe esteja cozido e a pasta de amêndoas tenha formado uma crosta crocante por fora e macia por dentro.

EFÓ (BAHIA, BRASIL)

EFÓ
(FOLHAS COZIDAS) [NIGÉRIA]

 INGREDIENTES

- 500 g de espinafre ou de couve-galega
- 1 cebola grande
- 300 g de camarão seco e defumado
- 100 mL de azeite de dendê
- 1 lata de extrato de tomate

 MODO DE FAZER

Lave as folhas e rasgue em pequenos pedaços. Descasque a cebola e corte em cubos. Moa o camarão seco. Em uma panela grande, coloque as folhas em água o suficiente para que elas cozinhem em fogo baixo até murcharem. Vá sempre verificando se é necessário pôr mais água para que as folhas não queimem. Depois, adicione o azeite. Quando as folhas estiverem macias, acrescente a lata de extrato de tomate e a mesma medida de água, além da cebola picada e do camarão moído. Leve para fogo médio e deixe cozinhar. Sirva acompanhado de arroz branco.

O AÇÚCAR NO COTIDIANO BRASILEIRO,
NA FORMAÇÃO DA NOSSA SOCIEDADE,
É A SAGA PLANTADA DA CANA SACARINA [...].
ESSALTA GILBERTO FREYRE QUE,
NA CIVILIZAÇÃO DO AÇÚCAR,
HOUVE UMA CHEGADA COLONIAL
E CONFORMADORA DO *ETHOS* NACIONAL
ATRAVÉS DOS DIFERENTES POVOS
E CIVILIZAÇÕES AFRICANAS.

———

RAUL LODY,
A COZINHA PERNAMBUCANA EM GILBERTO FREYRE:
UM ENCONTRO ENTRE POVOS E CULTURAS

COMIDAS AFRICANAS COM AÇÚCAR

É preciso destinar um tempo especial para fazer um doce ou comê-lo; é um tempo de devotamento. Um tempo que vai muito além daquele do relógio. São processos sutis, secretos e autorais. Há uma imersão na receita, em que existe um tempo próprio desse ritual do fazer, do experimentar e, principalmente, do inventar. Há um valor agregado ao que é doce, e fazer um doce é uma especialidade, uma vocação. Mesmo nas receitas mais rápidas dos doces do cotidiano, há uma busca de particularizar cada receita, de criar uma tradição, uma identidade, seja pelo ingrediente, seja pela forma de preparo, seja pela apresentação do doce.

A base sacralizada para o doce na nossa culinária é o açúcar da cana sacarina, que não é apenas um ingrediente mas também uma compreensão

ARROZ-DOCE (PORTUGAL)

ampliada de mundo que se agrega aos sabores do Oriente para ganhar um sentido patrimonial, como é o caso da doçaria do Nordeste. O açúcar da cana sacarina aponta para cenários regionais de criações de papéis e lugares sociais que foram convencionalmente destinados à mulher, sendo a cozinha um lugar do poder feminino. Há uma espécie de destinação histórica – de caráter patriarcal, evidentemente – para que a mulher faça o doce.

Mesmo em um doce muito simples existe a necessidade de técnica e experiência, pois um bom doce requer que todos os sentidos humanos estejam muito acurados. Cor, cheiro, textura, sons e, claro, as provas, o gosto são fundamentais ao ritual quase sagrado perante o açúcar.

Gilberto Freyre traz em *Casa-grande & senzala* (2003), publicado originalmente em 1933, cenas do cotidiano, cenas das casas urbanas e, em especial, dos engenhos de açúcar de Pernambuco; aponta para uma linhagem de mulheres que estavam dedicadas às cozinhas enquanto lugares especiais para a feitura do doce.

As mulheres lusitanas, externamente mulheres brancas, mas marcadas pela longa civilização magrebe, trazem ao Brasil – e aqui revivem – receitas e combinações africanizadas ao unir canela e açúcar. Já o trabalho de comida feita em grande quantidade (porco, cabrito, galinha) fica a cargo das mulheres africanas em condição escrava ou das afrodescendentes.

Nessa época, fazer o doce é semelhante a fazer a renda ou o bordado. E há uma busca pela receita excepcional, pela maior e melhor elaboração, e por isso se tornava secreta, havendo uma verdadeira confraria do ofício. A confraria do doce, no caso brasileiro tradicionalmente exercida pelas mulheres.

Buscam-se, além de tentar repetir a doçaria moçárabe, de base ibérica e moura, outros processos culinários que também se recolhem dos mosteiros medievais, no reconhecido saber das monjas. Doces, geralmente, com muitas gemas de ovos, canela e açúcar, base da maioria dos sabores doces, de elaboração secreta, dessas cozinhas santificadas.

Assim, as mulheres, além do poder formal exercido na casa, dedicam-se a interpretar as frutas locais, bem como outras já do conhecimento lusitano ou orientais e que foram abrasileiradas e ganharam um sentido vernacular, como a jaca.

Freyre afirma ainda, em seu livro *Açúcar* (1969), o desejo e o sentimento de dar ao doce um valor social, econômico, quase de nobreza. E volta-se à questão autoral, razão por que se agregam aos preparos os nomes das suas criadoras ou dos locais em que foram concebidos.

O doce brasileiro, nesse universo da cana sacarina do Nordeste, tem um nascedouro muito anterior ao tempo formal do chamado "descobrimento" ou mesmo das ações econômicas do ciclo das Grandes Navegações.

Desde muito antes, o doce está entre os arcos góticos ou os arcos românicos das amplas cozinhas, quero dizer das cozinhas-catedrais para o ofício de fé da preparação do doce. Assim, o doce é identificado nas suas lembranças ancestrais, nas suas referências formadas pela cultura.

O espírito é alimentado por incensos, velas e orações, enquanto o corpo se dedica à comida, à descoberta de novos sabores, principalmente, criando-os ou, ainda, adaptando-os no que é possível. E aí está o doce para exercer o seu papel de tornar o espírito mais leve.

RGHAIF (FILHÓS) [MARROCOS]

INGREDIENTES

- 450 g de farinha de trigo
- 1 colher (sopa) de fermento em pó
- 1 ovo batido
- 300 mL de água
- Óleo vegetal para fritar
- Manteiga sem sal e mel a gosto para servir

MODO DE FAZER

Em uma tigela, misture a farinha com o fermento e o ovo batido. Enquanto mistura, lentamente vá acrescentando água o suficiente, mexendo até obter uma massa macia e espessa. Amasse cuidadosamente por 20 minutos até se tornar firme e elástica. Com as mãos untadas, divida a massa em aproximadamente 16 a 20 bolas do tamanho de uma ameixa. Em uma superfície untada, use as palmas das mãos e os dedos para espalmar e esticar cada bola em formato de retângulo fino, com cerca de 15 cm × 22,5 cm. Tome cuidado para que a massa não se rasgue. Dobre a massa ao meio e repita a operação para obter um retângulo de 15 cm × 10 cm aproximadamente. Em uma frigideira com profundidade, aqueça o óleo. Frite os rghaifs até que fiquem fofos por cima. Vire cada um e frite por mais 1 minuto. Sirva quente com manteiga e mel.

FILHÓS (PERNAMBUCO, BRASIL)

MUHALLABEYA (LEITE-CREME COM FARINHA DE MILHO)[1] [TUNÍSIA]

 INGREDIENTES

- 5 colheres (sopa) de farinha de milho
- 3 a 5 colheres (sopa) de açúcar
- 700 mL de leite integral
- 2 colheres (sopa) de água de flor de laranjeira
- ½ colher (chá) de raspa de casca de limão (opcional)
- 50 g de miolo de amêndoas e pistaches

 MODO DE FAZER

Em uma tigela, misture a farinha de milho e o açúcar com um pouco do leite até obter uma pasta. Leve para ferver o leite restante e então misture um pouco desse leite quente na pasta de farinha de milho. Em seguida, misture essa pasta com o leite quente. Leve para cozinhar em fogo baixo, mexendo constantemente até engrossar e ficar preso às costas da colher. Retire do fogo, acrescente a água de flor de laranjeira e a raspa da casca de limão (caso esteja usando). Despeje o leite-creme em um prato grande de serviço ou em pratos individuais e deixe repousar até que se forme uma película na superfície. Coloque os frutos secos por cima. Quando esfriar, conserve tampado em refrigerador.

---

[1] A muhallabeya chegou ao norte da África proveniente do Oriente Médio. Tem uma textura leve como a da seda. Em vez de amêndoas e pistaches para decorar, pode-se colocar uma calda de caramelo por cima, para que ela fique estaladiça e dourada.

ROZ BIL HALIB (ARROZ-DOCE) [MARROCOS]

INGREDIENTES

- 1 L de leite de vaca ou de amêndoas aproximadamente[2]
- 50 g de arroz curto, lavado e escorrido
- 50 g de açúcar
- ½ colher (sopa) de água de flor de laranjeira ou de rosas
- Pistaches, nozes, amêndoas, pétalas de violetas ou de rosas cristalizadas a gosto

MODO DE FAZER

Deixe o arroz de molho por aproximadamente 3 horas. Em uma panela antiaderente, aqueça o leite, mas sem ferver. Deixe cair em chuva o arroz e leve ao fogo médio até ferver, mexendo sempre. Então, reduza o fogo e cozinhe muito suavemente, mexendo de vez em quando até que o arroz se desfaça e forme um creme. Apenas quando o creme de arroz começar a engrossar acrescente o açúcar (pois o arroz para de cozinhar). Mexa para dissolver todo o açúcar. O creme deve ficar aveludado, mas cair facilmente da colher. Esse processo demora cerca de 2 horas. Desligue o fogo e acrescente a água de flor de laranjeira ou de rosas para dar mais sabor. Coloque o arroz-doce em um prato de serviço ou em pratos individuais. Sirva morno ou frio, polvilhado de pistaches, nozes, amêndoas e pétalas de violetas ou de rosas cristalizadas.

---

2   O leite de amêndoas é muitas vezes adicionado para dar mais sabor. No norte da África, tradicionalmente, as amêndoas eram esmagadas a mão para a extração do leite. Hoje, podem ser moídas em um processador ou um liquidificador, com água quente. O líquido obtido deve ser coado. Esse leite torna o arroz-doce ainda mais cremoso e perfumado.

DOCE DE MANDIOCA [MOÇAMBIQUE]

 INGREDIENTES

- 1 kg de mandioca
- 2 cocos secos
- 2 L de água morna
- 750 g de açúcar
- Canela em pó a gosto

 MODO DE FAZER

Descasque a mandioca e corte em pedaços pequenos. Retire a casca do coco. Passe a polpa por um processador com um pouco de água morna e, então, esprema em um pano de prato novo.[3] Com o leite de coco obtido, cozinhe a mandioca, já com o açúcar, em fogo baixo. Deixe atingir o ponto de espadana (quando a calda escorre como fitas largas ou espadas). Coloque o doce em uma compoteira e polvilhe de canela.

---

3   Outra maneira de obter o leite é ralar o coco, colocá-lo em um liquidificador, acrescentar um pouco de água morna e usar o modo pulsar do eletrodoméstico. Para ficar mais fácil, uma sugestão é dividir a quantidade de coco em quatro operações.

BATANCA [CABO VERDE]

INGREDIENTES

- 8 xícaras (chá) de água
- 2 xícaras (chá) de fubá de milho
- Açúcar a gosto
- 2 ovos
- 1 pitada de sal
- Banha ou óleo vegetal para fritar

MODO DE FAZER

Em uma panela, ponha a água para ferver, junte o fubá de milho aos poucos e vá mexendo sempre até cozinhar, tomando cuidado para não se formarem grumos. Retire a panela do fogo e, com o fubá cozido e ainda quente, acrescente o açúcar, os ovos e a pitada de sal. Misture tudo muito bem. Vá retirando às colheradas e fritando na banha ou no óleo quente.

BRINHOLA [CABO VERDE]

INGREDIENTES

- 250 g de batata-doce
- 500 mL de água
- 250 ml de melado de cana-de-açúcar
- 1 colher (chá) de erva-doce
- 1 kg de fubá de milho
- 2 bananas maduras
- Banha ou óleo vegetal para fritar

MODO DE FAZER

Descasque as batatas, corte em cubos, cozinhe e passe por uma peneira. Em uma panela, coloque a água com o melado e a erva-doce para ferver. Deixe ferver até virar uma calda. Acrescente o fubá de milho aos poucos, mexendo para não formar grumos, e deixe cozinhar. Amasse as bananas com um garfo. Adicione essas bananas amassadas e as batatas passadas pela peneira à panela. Quando a mistura estiver soltando da panela, desligue o fogo. Misture muito bem. Deixe esfriar um pouco, retire as porções e enrole na forma de charutos. Frite em óleo ou banha quente.

DENDÉNS EM CALDA [ANGOLA]

INGREDIENTES

- 1 kg de coco de dendê
- 1 kg de açúcar
- 2 L de água
- 1 colher (café) de erva-doce
- Casca de 1 limão

MODO DE FAZER

Lave e corte as pontas dos dendês. Golpeie os cocos duas vezes no sentido longitudinal para que cozinhem com mais facilidade. Em uma panela grande, dissolva o açúcar em água com a erva-doce e a casca de limão. Leve ao fogo médio até obter uma calda fina. Junte os dendéns e deixe cozinhar em fogo médio, mexendo de vez em quando. Sirva os dendéns frios e envoltos na calda de açúcar.

MAHIME (PIRÃO DOCE DE MILHO) [ANGOLA]

INGREDIENTES

- 1 L de leite de vaca ou de cabra
- 1 xícara (chá) de açúcar
- 1 kg de fubá de milho

MODO DE FAZER

Em uma panela grande, leve o leite com o açúcar ao fogo. Logo que levante fervura, despeje o fubá em chuvisco lentamente, para não formar grumos, mexendo sempre. Continue mexendo bem até cozinhar. Sirva em uma taça, polvilhando de açúcar de confeiteiro caso queira.

COCADA ANGOLANA [ANGOLA]

 INGREDIENTES

- Polpa de 2 cocos secos
- 1 kg de açúcar cristal
- 1 xícara (chá) de água
- 2 cravos-da-índia
- 300 mL de leite de vaca
- Canela em pó a gosto

 MODO DE FAZER

Rale a polpa dos cocos. Em uma panela, coloque o açúcar, a água e os cravos-da-índia. Leve ao fogo médio até chegar ao ponto de pérola (quando a calda escorre da colher e na ponta se forma uma gota). Retire os cravos e acrescente o coco ralado, deixando cozinhar até que se solte do fundo. Mexa para não grudar no fundo da panela. Acrescente o leite e deixe levantar fervura. Então, estará pronto. Despeje em uma travessa. Quando a cocada esfriar, polvilhe de canela e sirva.

O ALUÁ É A BEBIDA DE TODAS AS FESTAS,
OCUPANDO LUGAR DE DESTAQUE NAQUELAS DO CICLO JUNINO
OU NAS CERIMÔNIAS DEDICADAS AOS IBEJIS E A XANGÔ.

———

RAUL LODY,
SANTO TAMBÉM COME

BEBIDAS ARTESANAIS: AFURÁ, ALUÁ, XEQUETÊ

AFURÁ

São muitas as bebidas chamadas de nutritivas no nosso imaginário gastronômico, tradicional e popular. Muitas vezes elas são denominadas como "vinho", embora não sejam processadas tecnicamente como o vinho ou feitas a partir de uvas.

A palavra vinho no nosso mundo regional das cozinhas refere-se a sumo, suco, líquido apurado; é o concentrado de uma fruta, de uma raiz ou da seiva de um coqueiro, como ocorre com o emu ou malafo, produzido e conhecido como vinho de palma – bebida fermentada obtida da seiva do dendezeiro. Essa bebida integrava os ganhos das quitandas nos séculos XVIII e XIX, que era a venda de comida em tabuleiros nas ruas, nas praças e na área dos portos. Vendia-se "comida de sustança" para os trabalhadores, especialmente para os trabalhadores braçais.

Ofereciam-se angu de milho, feijão, farinha de mandioca, vinho de palma – certamente para dar um pouco mais de alegria, já que o emu tem um considerável teor alcoólico, sendo uma consagrada bebida do mundo masculino.

Para os iorubas, o emún é a bebida do orixá Ogum, divindade da rua, das ferramentas, do trabalho. É, sem dúvida, um excelente exemplo de *eau de vie* ("água da vida"), designação muito adequada para as bebidas que transformam os humores.

Também há os vinhos de caju, de jenipapo, de açaí (que é um vinho de uso geral e cada vez mais valorizado como o energético da Amazônia, uma verdadeira seiva da mata). Toma-se o vinho de açaí puro ou misturado com farinha de mandioca e açúcar; e, ainda, é possível acrescentar camarão seco e tudo o mais que possa agregar sabor e apontar para novas experiências gastronômicas.

No universo não alcoólico, as chamadas águas – bebidas que surgem da diluição de elementos sólidos, sem fermentação – aparecem em grande variedade e funcionam como verdadeiros refrescos tropicais, sempre adoçadas e consideradas muito nutritivas.

Outro caso é o denguê, bebida feita a partir do acaçá branco diluído em água e adoçado. Por ser espesso, é considerado uma bebida/comida também muito nutritiva. O denguê tem ocorrência nos terreiros de candomblé, onde é utilizado como uma importante base alimentar.

MILHO BRANCO PARA O ACAÇÁ (BAHIA, BRASIL)

Manuel Querino (2011) detalha a feitura artesanal do acaçá branco:

> DEITA-SE O MILHO COM ÁGUA EM VASO BEM LIMPO, ISENTO DE QUALQUER RESÍDUO, ATÉ QUE SE LHE ALTERE A CONSISTÊNCIA. NESTAS CONDIÇÕES, RALA-SE NA PEDRA, PASSA NUMA PENEIRA OU URUPEMA E, AO CABO DE ALGUM TEMPO, A MASSA FINA ADERE AO FUNDO DO VASO, POIS, NESSE PROCESSO, SE FAZ USO DE ÁGUA PARA FACILITAR A OPERAÇÃO. (QUERINO, 2011, P. 35)

Esse precioso relato de Querino, datado de 1922 e publicado originalmente em 1928, na Bahia, certamente é o primeiro texto que se refere a uma comida de matriz africana em uma publicação de um afrodescendente.

O denguê pode ser classificado na categoria de bebidas brancas no âmbito da matriz africana no Brasil. São as bebidas chamadas de fun-fun, que em língua ioruba quer dizer "branco", apontando para as tradições religiosas voltadas aos mitos fundadores.

Tudo o que é fun-fun é considerado muito antigo; é a simbologia da recuperação da criação do mundo por Oxalá, criador da terra e do homem, e do orixá Iroko, árvore primordial, que é o contato divino e permanente entre o ayê (terra) e o orum (céu). Por isso, recorre-se às comidas e bebidas brancas, que representam imaginários da memória ancestral.

Outro exemplo de bebida fun-fun é o afurá. A partir de uma massa feita de farinha de arroz cozida em água, fazem-se bolinhos que são pulverizados de fécula de arroz; depois, esses bolinhos são diluídos em água e adoçados. O afurá se apresenta como bebida refrescante, pois é para ser servido no calor tropical. Embora tradicional, hoje o afurá é uma bebida quase completamente desaparecida nos terreiros de matriz africana.

Por isso, vejo que a reativação de antigas receitas afrodescendentes seja uma forma de buscar o reencontro com as memórias ancestrais – e com as referências identitárias do continente africano.

FURA DA NONO[1] NIGÉRIA

INGREDIENTES

- 1 xícara (chá) de farinha de milheto ou sorgo
- 1 xícara (chá) de farinha de soja
- 1 colher (chá) de cravo-da-índia em pó
- 1 colher (chá) de pimenta-do-reino preta moída
- 1 colher (chá) de gengibre em pó
- 2 L de água
- 1 colher (sopa) de farinha de milho
- 1 L de iogurte ou de leite
- Açúcar a gosto

MODO DE FAZER

Em um recipiente, misture muito bem a farinha de milheto e a farinha de soja com todas as especiarias. Adicione um pouco de água e misture até formar uma pasta grossa. Então, modele a pasta em bolas de tamanho médio. Em uma panela, leve os 2 L de água para ferver. Deixe ferver por cerca de 5 minutos. Coloque então as bolas na água fervente, deixando por cerca de 20 minutos. Remova as bolas da panela e coloque em uma tigela. Com as mãos, amasse completamente todas as bolas. Então, molde pequenas bolas e polvilhe de farinha de milho, para mantê-las úmidas. Sirva amassadas com o iogurte (ou leite) e adoce com açúcar a gosto.

ALUÁ: BEBIDA DE FESTA

O termo turco alvá se refere a uma espécie de pasta formada de farinha de trigo, manteiga e açúcar; alwà significa doçura, qualquer iguaria feita com açúcar, mel e fruta.

---

1   Fura da nono é muito popular no norte da Nigéria, especialmente em Sokoto, estado onde se pode tomar essa bebida em qualquer momento do dia. Nono é a palavra hauçá para "leite de vaca", vendido pelas mulheres fulani. De qualquer modo, a maioria das pessoas prefere usar iogurte desnatado para misturar com o fura e beber.

INGREDIENTES PARA O PREPARO DO ALUÁ (BAHIA, BRASIL)

Sem dúvida, algo doce, muito doce, e que aqui no Brasil nomina exclusivamente a bebida artesanal conhecida como aluá.

O aluá é uma preparação doméstica, feita em casa, ou, então, comum de ser vista nos terreiros de matriz africana na Bahia, em Pernambuco e no Maranhão. Acompanha comidas, doces, funcionando como uma verdadeira bebida de sobremesa. Não é uma bebida do dia a dia. Ele marca o tempo de festa, de reunião especial, integrando o cardápio sagrado de algumas obrigações nos terreiros de candomblé. O aluá acompanha o banquete-ritual do "Caruru de Cosme" (ver página 20), entre outras celebrações religiosas e sociais.

Como ocorre com toda boa comida ou boa bebida, as formas de preparo exigem muitos processos especiais, pois, além dos ingredientes, os utensílios integram esses processos e têm fundamental importância técnica na construção do sabor.

Os ingredientes do aluá são depositados em um pote de barro. Nesse armazenamento eles devem ficar no mínimo três dias, assim os sabores dos minerais do barro são também agregados ao aluá. O mesmo ocorre com a chamada água de pote: água armazenada em potes de barro, mantendo-a limpa e em temperatura fresca. Esses utensílios preservam também as memórias que estão nos sabores ancestrais de uma cultura.

Por essa razão, existe diferença entre o aluá feito artesanalmente no método do pote de barro e os que, embora preparados de forma artesanal, utilizam plástico, metal ou outro material.

Outra característica do aluá baiano – diga-se do Recôncavo – é ser dulcíssimo. Com muita rapadura, lembra o caldo de cana, contudo mais espesso.

Já no Xangô pernambucano se destaca o quimbembé, bebida artesanal à base de milho, provavelmente uma variação do aluá baiano. Destaque também para o xequetê, o "levanta saia": mistura de frutas tropicais, canela, cravo e aguardente. O nome deriva da ampla alegria que a bebida proporciona.

É a bebida usual nos encerramentos das cerimônias religiosas dos terreiros, pois o momento sagrado já foi experimentado, e, assim, a festa ganha outros significados.

Há ainda aluá feito de pão, de abacaxi. Parte-se do princípio de que essa bebida fermentada deva ser refrescante. Assim, ela traz uma forte referência tropical, de consumo em dias quentes.

ALUÁ BAHIA, BRASIL

INGREDIENTES

- 3 L de água
- 250 g de milho vermelho
- 500 de rapadura
- 50 g de gengibre fresco

MODO DE FAZER

Descasque o gengibre e fatie. Corte a rapadura em pedaços. Em um pote de barro, coloque a água, o milho, a rapadura e o gengibre. Deixe assim armazenados por três dias, em local fresco e protegido da luz. Ao fim desse prazo, coe o líquido, que então está pronto para ser consumido. Se necessário, acrescente água, para diluir.

POTE DE BARRO PARA A FERMENTAÇÃO DO ALUÁ (BAHIA, BRASIL)

XEQUETÊ

As nossas bebidas artesanais integradas ao ideário latino-americano estão, em sua maioria, nas receitas elaboradas à base de milho.

Sem dúvida, esse magnífico cereal remete ao imaginário do Sol e é tão presente na nossa mesa cotidiana quanto na nossa mesa de festa. Pois, a partir das memórias milenares, comer o milho é o mesmo que comer o Sol. Assim, muitos pratos de milho possibilitam esse sentimento de pertença e de identidade.

Certamente ao milho se une a mandioca, outro marcante símbolo e base alimentar das Américas. Há ainda a exuberância das batatas e seus muitos tipos.

A esses produtos, que chamamos de "da Terra", incluem-se diversos outros que trazem a Europa e o Oriente. E nessa mundialização de sabores e de imaginários estão as várias e diferentes especiarias que marcam o intenso comércio entre o Ocidente e o Oriente.

Novos sabores, novos usos culinários, novas representações do poder à mesa. As especiarias determinam estilos das cozinhas do mundo a partir da Idade Média na Europa. Em destaque, a chegada triunfal do açúcar, do cravo-da-índia, da canela, das pimentas, que orientam a formação dos gostos e os intercâmbios de paladares.

Produtos como o milho, a mandioca, o caju e a goiaba, entre tantos outros símbolos tropicais, são combinados, interpretados, apropriados nas receitas, na geração de novos sabores, nos novos e dinâmicos saberes sobre a comida. E, assim, são permanentemente experimentados os sentimentos históricos das cozinhas e dos sistemas alimentares. Pois o conceito de memória é um conceito de processos dinâmicos e simbólicos.

Nesse cenário, um exemplo é o xequetê, bebida artesanal de festa e própria do Xangô pernambucano. É feita de especiarias do Oriente, contudo se afirma como bebida de matriz africana.

O xequetê é preparado artesanalmente com cravo-da-índia, canela, erva-doce, amendoim e castanha de caju. A esse conjunto de ingredientes se acrescentam cachaça com açúcar, limão e pitanga, na forma tradicional de fazer o "bate-bate": o melhor para juntar todos os ingredientes da bebida, antes de servir cada copo, é sacudir a garrafa – a "batida".

Todos os ingredientes ficam em processo de maturação por um período de três dias para apurar o gosto. Aí, está pronta a bebida, que é servida em pequenas doses, pois tem a fama de ser "forte" e "quente" – daí a denominação sugestiva de "levanta saia".

Conforme a maturação, o xequetê vai ficando mais gostoso; diga-se, mais concentrado. É, sem dúvida, um líquido de celebração, para fortalecer os laços sociais e para fazer viver os rituais de comensalidade. É consumido como se faz com a cachaça, o rum, o conhaque, entre tantas outras bebidas categorizadas como "espirituosas". É uma bebida dita masculina e feminina, sendo também um tipo de "abrideira" para as refeições. É uma bebida repleta de humor e, certamente, sexualizada.

E, como manda a tradição, a receita é secreta, especialmente no que se refere às quantidades dos ingredientes.

REFERÊNCIAS

AXÉ DO ACARAJÉ. Direção de Polla Ribeiro. Argumento, pesquisa e roteiro de Raul Lody. Salvador: Fundação Palmares/CNCP/Iphan, 2006. Documentário.

BASCON, William. IFA DIVINATION: communication between gods and men in West Africa. London: Indiana University Press, 1969.

BASTIDE, Roger. AS RELIGIÕES AFRICANAS NO BRASIL: contribuição para uma sociologia das interpenetrações de civilizações. São Paulo: Companhia Editora Nacional/ INL, 1978.

BEIR, Ulli. YORUBA MYTHS. Cambridge: Cambridge University Press, 1980.

BETTIOL, Leopoldo. DO BATUQUE E DAS ORIGENS DA UMBANDA. Rio de Janeiro: Aurora, 1963.

BRANDÃO, Darwin. A COZINHA BAIANA. Rio de Janeiro: Tecnoprint, 1967.

CARNEIRO, Edison. LADINOS E CRIOULOS: estudo sobre o negro no Brasil. Rio de Janeiro: Civilização Brasileira, 1964.

CASCUDO, Luís da Câmara. HISTÓRIA DA ALIMENTAÇÃO NO BRASIL. Belo Horizonte: Itatiaia; São Paulo: Edusp, 1983.

CORRÊA, Pio M. DICIONÁRIO DAS PLANTAS ÚTEIS NO BRASIL E DAS EXÓTICAS CULTIVADAS. Rio de Janeiro: Imprensa Nacional, 1926.

CUNHA, Lygia da Fonseca Fernandes da. RISCOS ILUMINADOS DE FIGURINHOS DE BRANCOS E NEGROS DOS UZOS DO RIO DE JANEIRO E SERRO DO FRIO. Rio de Janeiro: Biblioteca Nacional, 1960.

DEBRET, Jean-Baptiste. VIAGEM PITORESCA E HISTÓRICA AO BRASIL. São Paulo: Martins/ Edusp, 1972.

FERRÃO, José E. Mendes. A HISTÓRIA DAS PLANTAS E OS DESCOBRIMENTOS DOS PORTUGUESES. Lisboa: Instituto de Investigação Científica Tropical, 1993.

FREYRE, Gilberto. AÇÚCAR: em torno da etnografia, da história e da sociologia do doce no Nordeste canavieiro do Brasil. Rio de Janeiro: Instituto do Açúcar e do Álcool, 1969.

FREYRE, Gilberto. CASA-GRANDE & SENZALA: formação da família brasileira sob o regime da economia patriarcal. 48. ed. São Paulo: Global, 2003. Ed. orig.: 1933.

LODY, Raul. A ROUPA DE BAIANA. Salvador: Memorial das Baianas de Acarajé, 2003.

LODY, Raul. Acarajé: comida y patrimonio del pueblo brasileño. *In*: ÁLVAREZ, Marcelo; MEDINA, F. Xavier (org.). IDENTIDADES EN EL PLATO: el patrimonio cultural alimentario entre Europa y América. Barcelona: Icaria, 2008. (Observatorio de la Alimentación, v. 2.)

LODY, Raul. ÁGUAS DE COMER: peixes, mariscos e crustáceos da Bahia. São Paulo: Editora Senac São Paulo, 2016.

LODY, Raul. ARTESANATO RELIGIOSO AFRO-BRASILEIRO. Rio de Janeiro: Ibam, 1980.

LODY, Raul. Bahia boa de comer: do carimã ao dendê. *In*: _____ (org.). À MESA COM CARYBÉ. Rio de Janeiro: Senac Nacional, 2007.

LODY, Raul. BRASIL BOM DE BOCA: temas de antropologia da alimentação. São Paulo: Editora Senac São Paulo, 2008.

LODY, Raul. CAMINHOS DO AÇÚCAR: ecologia, gastronomia, moda, religiosidade e roteiros turísticos a partir de Gilberto Freyre. Rio de Janeiro: Topbooks, 2011.

LODY, Raul. COCO: comida, cultura e patrimônio. São Paulo: Editora Senac São Paulo, 2011.

LODY, Raul. Cozinha brasileira: uma aventura de 500 anos. *In*: FORMAÇÃO DA CULINÁRIA BRASILEIRA. Rio de Janeiro: Sistema CNC/Sesc/Senac, 2000.

LODY, Raul. Cozinha plural. *In*: A CULINÁRIA BAIANA NO RESTAURANTE DO SENAC PELOURINHO. Rio de Janeiro: Salamandra/Senac Nacional, 1996.

LODY, Raul. Dendê: bom de comer, de ver e de significar a matriz africana no Brasil. *In*: LODY, Raul (org.). DENDÊ: símbolo e sabor da Bahia. São Paulo: Editora Senac São Paulo, 2009.

LODY, Raul. ESPAÇO, ORIXÁ, SOCIEDADE: um ensaio de antropologia visual. Rio de Janeiro: Ed. do Autor, 1984.

LODY, Raul. MUSEU DA GASTRONOMIA BAIANA. Catálogo. Salvador: Senac Bahia, 2007.

LODY, Raul. O DENDÊ E A COMIDA DE SANTO. Recife: Instituto Joaquim Nabuco de Pesquisas Sociais, Centro de Estudos Folclóricos, 1977. (Folclore, v. 43.)

LODY, Raul. O rei come quiabo e a rainha come fogo. *In*: MOURA, Carlos E. M. de (org.). LEOPARDO DOS OLHOS DE FOGO. São Paulo: Ateliê, 1998.

LODY, Raul. Presencia de África en la gastronomía de Bahia. *In*: Congreso sobre Patrimonio Gastronómico y Turismo Cultural en América Latina y el Caribe, 2002, Cidade do México. CUADERNOS PATRIMONIO CULTURAL Y TURISMO. Cidade do México, Conaculta, 2002.

LODY, Raul. SAMBA DE CABOCLO. Rio de Janeiro: CDFB, 1977.

LODY, Raul. SANTO TAMBÉM COME. Recife: Instituto Joaquim Nabuco de Pesquisas Sociais, 1979.

LODY, Raul. TEM DENDÊ, TEM AXÉ: etnografia do dendezeiro. Rio de Janeiro: Pallas, 1993.

LODY, Raul. VOCABULÁRIO DO AÇÚCAR: histórias, cultura e gastronomia da cana sacarina no Brasil. São Paulo: Editora Senac São Paulo, 2011.

LOPES, Lucídio. O RIO VERMELHO E AS SUAS TRADIÇÕES: memórias de Lucídio Lopes. Salvador: Fundação Cultural do Estado da Bahia, 1984.

MAIA, António da Silva. DICIONÁRIO COMPLEMENTAR PORTUGUÊS-KIMBUNDU-KIKONGO. Luanda: Tip. das Missões Cucujães, 1961.

MALAGUETA NEWS. AFURÁ: a bebida branca. Disponível em: http://www.malaguetanews.com.br/colunistas/afura-a-bebida-branca. Acesso em: 1º mar. 2013.

MALAGUETA NEWS. MINGAU DE SANTO ANTÔNIO. Disponível em: http://www.malaguetanews.com.br/colunistas/mingau-de-santo-antonio. Acesso em: 1º mar. 2013.

NETTO, Joaquim da Costa Pinto. CADERNOS DE COMIDAS BAIANAS. Rio de Janeiro: Tempo Brasileiro; Salvador: Fundação Cultural da Bahia, 1986.

PEIXOTO, Afrânio. BREVIÁRIO DA BAHIA. Rio de Janeiro: Conselho Federal de Cultura, 1980.

QUERINO, Manuel. A ARTE CULINÁRIA NA BAHIA. Organização de Raul Lody. 3. ed. São Paulo: WMF/Martins Fontes, 2011. Ed. orig.: 1928.

QUERINO, Manuel. COSTUMES AFRICANOS NO BRASIL. Organização de Raul Lody. 2. ed. Recife: Fundação Joaquim Nabuco/Massangana, 1988. Ed. orig.: 1938.

RAMOS, Arthur. AS CULTURAS NEGRAS NO NOVO MUNDO. Rio de Janeiro: Casa do Estudante do Brasil, [1956?].

REGO, Antonio José de Souza; LODY, Raul (org). DICIONÁRIO DO DOCEIRO BRASILEIRO. São Paulo: Editora Senac São Paulo, 2010. Ed. orig.: 1892.

SANTOS, Eugenia Anna dos. Nota sobre comestíveis africanos. *In*: CARNEIRO, Edison *et al*. O NEGRO NO BRASIL: trabalhos apresentados no II Congresso Afro-Brasileiro (Bahia). Rio de Janeiro: Civilização Brasileira, 1940.

SANTOS, Juana Elbein dos. OS NAGÔS E A MORTE. Petrópolis: Vozes, 1976.

VERGER, Pierre Fatumbi. ORIXÁS. Salvador: Corrupio, 1981.

VIANNA, Hildegardes. A COZINHA BAIANA. São Paulo: Martins Fontes, 1976.

VIANNA, Hildegardes. A BAHIA JÁ FOI ASSIM. Salvador: FG, 2000.

ÍNDICE DE RECEITAS

Accra 1 – Nigéria 71

Accra 2 – Nigéria 71

Agneau au four (carneiro assado com açafrão) – Tunísia 123

Aluá – Bahia, Brasil 168

Amalá – Nigéria 41

Arroz Jollof – Nigéria 119

Batanca – Cabo Verde 156

Botchada (buchada) – Cabo Verde 102

Brinhola – Cabo Verde 157

Calulu – São Tomé e Príncipe 104

Calulu de carne-seca – Angola 106

Calulu de peixe – Angola 140

Cocada angolana – Angola 159

Congo com galinha – Angola 114

Cozido de peixe seco – Cabo Verde 135

Cuscuz com damasco seco e amêndoa – Marrocos 61

Cuscuz de cevada e fava – Marrocos 60

Cuscuz de trigo – Tunísia 59

Dendéns em calda – Angola 158

Djeb bil einab (galinha com uva) – Marrocos 117

Djej bil bargoug wa assel (galinha com ameixa, mel e canela) – Marrocos 121

Djej mahammer (galinha com molho perfumado) – Marrocos 120

Doce de mandioca – Moçambique 155

Efó (folhas cozidas) – Nigéria 145

Fou-fou – Nigéria 53

Fou-fou de inhame e banana-de-são-tomé – São Tomé e Príncipe 42

Funge – Angola 47

Funge de mandioca ou funge de bombó – Angola 48

Funge de milho – Angola 53

Funge de rabo de boi – Angola 107

Fura da nono – Nigéria 165

Galinha à moda da Zambézia – Moçambique 103

Galinha com jinguba – Angola 110

Ginguinga (cozido de miúdos) – Angola 111

Harira (sopa de grão-de-bico, carne e lentilha vermelha) – Marrocos 116

Hut benoua (peixe assado com crosta de amêndoa) – Marrocos 143

Isú – Nigéria 42

Kebab (carne grelhada) – Argélia 118

Kipicu – Angola 49

Kixiluanda (pirão e peixe) – Angola 142

Kyinkyinga (espeto de carne) – Gana 115

Mafefede (caldo de peixe) – Guiné-Bissau 135

Maffé (caril de amendoim) – Mali 101

Mahime (pirão doce de milho) – Angola 158

Mahowana à Lena – Moçambique 48

Molohia (espinafre) – Egito 125

Mtori (sopa de banana-da-terra) – Congo 124

Muamba de galinha – Angola 113

Muamba de peixe – Angola 141

Mufete (peixe na brasa) – Angola 137

Muhallabeya (leite-creme com farinha de milho) – Tunísia 153

Muzongué (caldo de peixe e dendê) – Angola 138

Purê de inhame – Cabo Verde 41

Rghaif (filhós) – Marrocos 151

Roz bil halib (arroz-doce) – Marrocos 154

Sikbads (carneiro com damasco à marroquina) – Marrocos 122

Súmate – Angola 105

Vatapá – Bahia, Brasil 63

Vatapá de folha de abóbora – Moçambique 136

ÍNDICE GERAL

Acarajé: identidade da Bahia afrodescendente 66

Accra 1 71

Accra 2 71

Afurá 161

Agneau au four (carneiro assado com açafrão) 123

Aluá 168

Aluá: bebida de festa 165

Amalá 41

Anexo: vocabulário rápido sobre louças e outras peças do Brasil luso e afrodescendente 78

Arroz Jollof 119

Batanca 156

Bebidas artesanais: afurá, aluá, xequetê 161

Botchada (buchada) 102

Brinhola 157

Calulu 104

Calulu de carne-seca 106

Calulu de peixe 140

Cocada angolana 159

Comidas africanas com açúcar 147

Comidas africanas da terra e do ar 97

Comidas africanas das águas 127

Congo com galinha 114

Cozido de peixe seco 135

Cuscuz com damasco seco e amêndoa 61

Cuscuz de cevada e fava 60

Cuscuz de trigo 59

Cuscuz marroquino, símbolo magrebe 56

Cuscuz, vatapá e acarajé: a viagem das receitas 55

Cuscuz: do norte da África para a nossa mesa 55

Dendê: bom de ver e bom de comer 23

Dendéns em calda 158

Dendezeiro: uma palmeira que tudo dá 23

Djeb bil einab (galinha com uva) 117

Djej bil bargoug wa assel (galinha com ameixa, mel e canela) 121

Djej mahammer (galinha com molho perfumado) 120

Doce de mandioca 155

Efó (folhas cozidas) 145

Fazer comida é fazer história 32

Flor do dendê, A 28

Fou-fou 53

Fou-Fou de inhame e banana-de-são-tomé 42

Funge 47

Funge de mandioca ou funge de bombó 48

Funge de milho 53

Funge de rabo de boi 107

Fura da nono 165

Galinha à moda da Zambézia 103

Galinha com jinguba 110

Ginguinga (cozido de miúdos) 111

Gosto gostoso afrodescendente, O 15

Harira (sopa de grão-de-bico, carne e lentilha vermelha) 116

Hut benoua (peixe assado com crosta de amêndoa) 143

Igi-opé: a árvore sagrada 31

Ingredientes que ampliam sabores 20

Inhame, mandioca e milho: a viagem dos ingredientes 37

Inhame: a comida da criação do mundo 37

Isú 42

Kebab (carne grelhada) 118

Kipicu 49

Kixiluanda (pirão e peixe) 142

Kyinkyinga (espeto de carne) 115

Mafefede (caldo de peixe) 135

Maffé (caril de amendoim) 101

Mahime (pirão doce de milho) 158

Mahowana à Lena 48

Mandioca: a raiz brasileira 43

Milho: o cereal americano 49

Mito e a comida,O 93

Molohia (espinafre) 125

Mtori (Sopa de banana-da-terra) 124

Muamba de galinha 113

Muamba de peixe 141

Mufete (peixe na brasa) 137

Muhallabeya (leite-creme com farinha de milho) 153

Mulheres de ganho: a venda ambulante da comida 81

Muzongué (caldo de peixe e dendê) 138

No tabuleiro da baiana tem... 88

Nota do editor 7

O que chega "da Costa" e "do Reino" 16

Patrimônio cultural 70

Precisão no preparo 58

Prefácio – Africanidades: sentimentos de pertença 9

Purê de inhame 41

Quartinha: um objeto simbólico afro-brasileiro 73

Referências 173

Rghaif (filhós) 151

Roz bil halib (arroz-doce) 154

Sikbads (carneiro com damasco à marroquina) 122

Sumário 5

Súmate 105

Vatapá 63

Vatapá de folha de abóbora 136

Vatapá: uma comida de pão 61

Xequetê 170